법륜·스물넷

마음챙김의 힘

냐나뽀니까 스님 지음 | 황금중 옮김

고요한소리

The Power of Mindfulness
- Nyanaponika Thera

(The Wheel Publication No. 121/122)
Buddhist Publication Society,
Kandy, Sri Lanka 1968, 1997
BPS Online Edition © (2008)

일러두기

* 이 책에 나오는 경經의 출전은 영국 빠알리성전협회PTS에서 간행한 로마자 본
  빠알리 경임.
* 각주는 원주이며, 역주는 [역주]로 표기함.

차 례

들어가는 말

이 책의 제목처럼 마음챙김*sati*은 그 자체에 실제로 어떤 힘이 있는 것일까? 생활 전선에 서 있는 일반인의 관점에서 보면 그렇지 않은 것 같다. 이런 입장에서 보면 마음챙김이나 주의 기울임은 온갖 욕망을 성취하는 데 도움이 되는 여타 정신적 기능에 비해 오히려 대수롭지 않아 보인다. 다시 말하면 마음챙김은 그저 '발걸음을 잘 살펴' 목표 추구 과정에서 비틀거리거나 기회를 놓치는 일이 없도록 조심하는 정도를 의미한다. 물론 어떤 특정한 일을 하거나 기술을 연마할 때 일부러 마음챙김을 닦는 경우도 있겠다. 그렇지만 이러한 경우마저도 여전히 마음챙김을 일종의 보조 기능으로 여길 뿐, 마음챙김의 넓은 범위와 가능성은 결코 인정하려 들지 않는다.

심지어 불교의 교리면을 돌아보아도 정신적 요인들에

관한 각종 분류나 목록을 훑어보기만 해서는 마음챙김을 '수많은 기능들 중의 하나'에 불과한 것으로 보아 넘기기 십상이다. 심지어 마음챙김의 역할은 한낱 부수적 기능에 그칠 뿐, 그 밖의 기능들보다 덜 중요하다고 여겨질 것이다.

마음챙김을 사람에 비유해 본다면 겸손한 인격자와 같다 하겠다. 이런 인격자에 비하면 헌신, 에너지, 상상력, 지성과 같은 정신적 요소들은 훨씬 화려한 인물들이다. 그런 인물들은 세상 사람들과 주변 환경에 직접적이고 강한 영향력을 행사한다. 또한 그들은 늘 그런 것은 아니지만 때로는 빠르고 광범위하게 우리를 지배한다. 반면 마음챙김은 야단 떨지 않는 성품이어서 그 덕성은 은근히 안쪽에서 빛을 발하며, 일상생활면에서는 거의 모든 공덕을 화려한 정신적 기능들에게 넘겨준다. 그래서 명예는 대부분 다른 정신적 기능들에게 고스란히 돌아간다. 사정이 이러한 만치 마음챙김의 진정한 가치와 마음챙김이 미치는 드러나지 않는 영향력을 제대로 평가하려면 먼저 마음챙김이 도대체 무엇인지부터 더 잘 이해하고 더 친숙해져야 할 필요가 있겠다. 마음챙김은 걸음이 느리고 진중한 편이며 매일 하는 마음챙김은 오히려 단조로운 성격을 띤다. 하지만 마음챙김이 일단 자리잡혀 몸에 배면 쉽사리 그만두지 않게 되고, 마음챙김의 대상을 제대로 포착하고 완전히 파악하게 된다.

이런 성질의 정신적 기능들은 수수한 유형의 실제 인물들이 흔히 겪듯이 얕잡혀 보이거나 저평가되는 수가 많다. 마음챙김의 경우 그 수수한 차림새 속에 '숨겨진 재능'이 발견되고, 그 잠재적 씨앗에 내재한 엄청난 힘이 개발되기 위해서는 붓다와 같은 천재가 필요했다. 자칫 보잘것없어 보이는 힘을 알아내고 활성화시킬 수 있다면, 그게 바로 천재의 증표가 아니겠는가. '미미한 것이 위대한 것이 된다.'는 말이 현실에서 실제로 일어난다. 가치의 재평가가 실현된다. 위대함과 미미함의 기준이 변하는 것이다. 붓다의 탁월한 지혜를 통해 무지와 갈애라는 이중의 덫에서 벗어나 사바세계의 저 광막한 윤회고輪迴苦를 끝내는

그 핵심 지렛대가 바로 마음챙김이라는 사실이 드러난 것
이다.

붓다는 마음챙김의 힘에 대해 매우 강한 어조로 말씀
하셨다.

나는 선언한다, 마음챙김은 전적으로 유용하다. [1]

마음챙김이 제법諸法을 지배한다. [2]

나아가 마음챙김의 확립을 설하신 〈염처경念處經
Satipaṭṭhāna sutta〉에 그 시작과 끝을 맺는 붓다의 장중한
말씀이 있다.

---

1 [역주] 저자는 이 말씀이 《상응부》 V, 46:59경 〈검푸름 경*Vinīlaka sutta*〉
에 나온다고 하였는데, 이 경은 칠각지 수행의 결실과 이익을 설하시
고 있음. 그리고 인용구 "Satiṃ ca khvāhaṃ bhikkhave sabbatthikaṃ
vadāmīti." 《상응부》 V, 46:53경 〈불 경*Aggi sutta*〉, PTS 115쪽.

2 [역주] Satādhipateyyā sabbe dhammā, (...), 《증지부》 Ⅳ, 8:83경 〈뿌리
경*Mūla sutta*〉, PTS 339쪽.

비구들이여, 이것은 중생을 정화하고, 슬픔과 비탄을 극복하고, 고통과 비애를 없애고, 바른 길에 들어서고, 열반에 이르는 유일한 길, 곧 마음챙김의 네 가지 확립[四念處]이다.[3]

일상생활에서는 어떤 대상에 마음챙김 또는 맨 주의를 기울일 때 마음먹은 대로 세심하게 실제적 관찰을 해낼 수 있을 만큼 충분히 지속할 수 있는 경우가 드물다. 보통 감정적 반응이나 분별심, 반성이나 의도적 행동 같은 것들이 곧바로 따라붙어 버리기 때문이다. 붓다의 가르침에 따라 생활하고 생각할 때마저도 마음챙김*sati*은 어떤 행위의 목적이 올바르거나 적절한지에 대한 분명한 알아차림[正知 *sampajañña*]이나 다른 어떤 생각들과 연결되어 있다. 그만큼 마음챙김은 좀체 본모습을 선명하게 드러내지 않는다. 그래서 마음챙김의 실재적 힘과 잠재적 힘을 모

---

3 [역주] Ekāyano ayaṁ bhikkhave maggo sattānaṁ visuddhiyā sokapariddavānaṁ samatikkamāya dukkhadomanassānaṁ atthagamāya ñāyassa adhigamāya nibbānassa sacchikiriyāya, yadidaṁ cattāro satipaṭṭhānā.《중부》 I, 10경《염처경*Satipaṭṭhāna sutta*》, PTS 55~56쪽.

두 타진해보기 위해서는 마음챙김을 그 가장 기본적이고 순일한 면에서 이해하고 차근차근 닦아볼 필요가 있다. 이제 그런 순일 무잡한 형태의 마음챙김을 '맨 주의bare attention'[4]라고 부르겠다.

맨 주의 기울이기는 어떤 대상을 지각하는 바로 그 순간순간들에 우리의 안팎에서 실제로 일어나고 있는 일들을 분명하고도 오롯한 마음으로 알아차리도록 다루어내는 것을 말한다. 보통 우리가 무언가 인식할 때는 행위, 말, 마음, 즉 신身·구口·심心, 삼행三行으로 반응하는데 맨 주의 기울이기를 할 때는 그렇게 반응하지 않고 지각의 대상인 사실들을 발가벗겨 맨 사실[5]을 드러내는 데 주의

---

4 [역주] 'bare attention'은 '맨 주의'로 번역한다.

5 [역주] 맨 사실bare facts: 'the bare facts of a perception'에서 a perception은 오취온 중 상온想蘊을 가리킨다. 'bare facts' 중 facts는 온蘊과 취온取蘊이고, bare facts는 취를 벗겨낸 facts, 즉 온이 된다. 아라한의 경우는 오온五蘊이 되고, 범부의 경우 오취온五取蘊이 되는데, 여기서 이 점을 강조하는 이유는 마음챙김sati이 상想, perception을 제어하는 역할을 통해 오취온으로부터 오온으로 순화, 향상시키는 기능을 한다고 보기 때문이다. 따라서 '맨 사실'이라는 것은 '상'이되 '취가 벗겨진 상'을 가리킨다. 맨 주의가 아라한의 오온을 지향하기 때문이다.

를 기울이기 때문에 '맨bare'이라고 한다. 통상 맨 사실을 순전히 수용하는 마음 상태는 사유 과정 중 아주 짧은 순간이어서 우리가 거의 알아차리지 못한다. 그러나 마음챙김의 잠재력을 끌어올릴 목적으로 마음챙김을 체계적으로 닦을 경우에는 집중력의 지속시간만큼 맨 주의도 그만큼 오래 지속될 수 있다. 그때 맨 주의는 마음챙김 확립 *satipaṭṭhāna*이라는 명상 수행의 열쇠가 되어 마음 다스림의 문을 열고, 그래서 마침내 구경 해탈의 문을 열어젖히게 된다.

맨 주의는 두 가지 길을 통해 계발될 수 있다. 첫째, 대상을 선택해서 그에 대해 체계적으로 명상 수행을 하는 방식이다. 둘째, 바른 마음챙김[正念 *sammā sati*]과 분명한 알아차림[正知 *sampajañña*]의 자세를 견지하면서 가능한 한 일상사에다 맨 주의를 적용하는 방식이다. 세부사항들은 다른 책 [6]에서 설명하였기에 여기서 반복할 필요는 없겠다.

---

6 냐나뽀니까 스님Nyanaponika Thera, 《불교 명상의 진수*The Heart of Buddhist Meditation*》, 캔디, BPS, 2005.

이 글의 주된 목적은 이러한 방법의 효용성을 제시하고 설명하는 것, 즉 마음챙김의 실제적인 힘을 보여주는 것이다. 쉴 새 없이 바깥 활동에 열중하는 이런 시대에는 특히 이렇게 반문하는 사람도 있을 것이다. '맨 주의와 같은 수동적인 마음의 자세로 마음챙김이 어떻게 이 글에서 주장하는 그런 엄청난 결과를 가져올 수 있단 말인가?' 그에 대한 답으로 다른 말은 차치해 두고 일단 붓다의 가르침부터 스스로 검증해 보라고 권하고 싶어진다. 그러나 붓다의 가르침을 믿고 따를 정도에 이르지 못하고 불법을 잘 모르는 사람은 납득할 만한 근거가 없으면 마음챙김 수행을 시작하는 데 주저할는지도 모른다. 그런 사람에게는 마음챙김 수행이 놀라우리만큼 단순하여 오히려 이상하게 보일 수 있기 때문이다. 따라서 독자의 철저한 검토를 위하여 아래에 몇 가지 '타당한 이유들'을 제시한다. 그 이유들은 염처念處에 마음챙김을 확립하도록 이끌어 준다는 의미가 있고 그리고 더 넓고 중요한 목표를 제시한다는 의미도 있다. 나아가 체계적 마음챙김 수행을 시작한 사람이라면 아래에 기술한 관찰 내용 중에서 자신이 하고 있는 수행의 유용한 점들을 확인하고 이들을 의도적으로 더 길러 나아갈 결의를 갖게 될 것으로 기대하기 때문이다.

맨 주의 기울이기에 내재한
힘의 네 원천

우리는 이제 맨 주의 기울이기의 네 측면, 즉 마음챙김에 내재한 힘의 원천을 다루려고 한다. 이 넷만이 마음챙김 힘의 원천은 아니지만, 이 넷은 정신적 향상 방법으로서 마음챙김의 효능을 높이는 주요한 원천이라는 점은 분명하다. 이 네 가지는 다음과 같다.

1. 정돈하기와 이름 붙이기
2. 비폭력적, 비강제적 방식
3. 멈추기와 천천히 하기
4. 직시하기

1. 정돈하기와 이름 붙이기

• 마음 살림 정돈하기

명상훈련을 체계적으로 하여 마음을 제어하고 조화를 이루는 데 아직 익숙해지지 않은 사람은 자신의 일상적인 생각과 활동들을 밀착 관찰해보면 다소 당혹스러운 광경과 마주치게 될 것이다. 의도적으로 생각하거나 행동할 때와는 달리 일상생활에서는 모든 면에서 인식과 생각, 느낌 그리고 무심코 하는 행동 등이 복잡하게 뒤엉켜 무질서와 혼돈을 빚고 있다. 막상 그런 무질서와 혼돈을 눈앞에서 목도한다면 견뎌내기 어려울 것이 틀림없다. 그런데도 대부분의 현실생활과 일반적인 정신 활동에서는 이런 상태가 오히려 당연하게 여겨지는 형편이다. 이제 그 어수선한 모습을 조금 더 자세히 들여다보자.

우선 우리는 수많은 광경이나 소리 같은 우연한 감각 인상들이 끊임없이 우리 마음을 스쳐가는 것을 경험한다.

그 경험한 감각 인상의 대부분은 어렴풋이 단편적으로 기억에 남는다. 심지어 그중 어떤 것은 잘못된 인식이나 오판에 기초한 것들이다. 대부분의 감각 인상은 이런 태생적 약점을 지니고 있음에도 불구하고 검증되지 않은 채로 보다 높은 의식 수준에서 뭔가를 판단하고 결정할 때 기초가 된다. 사실 이들 우연한 감각 인상들은 주의를 기울일 대상도 아니고 대상이 될 리도 없다. 우리의 눈길과 우연히 마주친 길 위의 돌멩이는 오직 그것이 진로를 방해하거나 어떤 이유로 흥미를 끌만 할 때에만 우리의 주의를 끌게 될 것이다. 그렇긴 하지만 우리가 이런 우연한 인상들을 무시해버리는 빈도가 너무 잦으면 길에 놓인 숱한 돌멩이에 번번이 채이거나 길에 놓인 보석들을 못 보고 넘어갈 수 있다.

이런 우연한 감각 인상들 말고도 우리의 목적 지향적

생활과 더 깊은 관련이 있는 보다 뚜렷하고 중요한 지각, 생각, 느낌과 의지가 있다. 그렇지만 이들 역시 대부분 극심한 혼란 상태에 있기는 마찬가지다. 수없이 많은 상충 현상이 마음속에서 섬광처럼 명멸하고 미완성의 생각, 억눌린 감정, 스쳐가는 기분 나부랭이들이 도처에 널려있다. 그 많은 것들이 피어보지도 못하고 죽음을 맞는다. 애당초 미미했거나, 우리 집중력이 부족한 탓이거나, 더 강하고 새로운 인상들에 눌려버렸거나, 그밖에 이런저런 연유로 더 이상 지속되거나 커지지 못한 것들이다. 우리 마음을 들여다보면 우리의 생각이 얼마나 쉽게 방향을 바꾸는지, 얼마나 자주 그 생각들이 지속적으로 서로를 방해하는지, 상대방의 논의에 귀 기울이기를 거부하는 훈련 받지 못한 논객처럼 구는지 알아차릴 수 있을 것이다. 게다가 많은 생각의 가닥들이 초래할 실제적, 도덕적, 지적 결과를 수용할 용기가 없기 때문에 그런 생각들은 의지나 행동으로 옮겨지지 못한 상태로 머문다. 또 우리가 평소에 지각하고, 생각하며, 판단하는 것을 좀 더 밀착해서 계속 관찰해보면 그것들 중 많은 것이 믿을 수 없다는 사실을 인정할 수밖에 없을 것이다. 왜냐하면 그것들이 단지 습관의 산물로서 지적이거나 감정적 편견에 이끌리고 있거나, 우리의 기호에 이끌리고 있거나, 게으름 또는 이기심에 이끌리고 있거나, 그릇되거나 피상적인 관찰에 이끌리고 있는 경우가 대부분이기 때문이다.

오랫동안 소홀히 해왔던 마음을 면밀히 들여다보면 신선한 충격을 받고 그리고 방금 들여다보았던 마음의 표층에서부터 의식의 심연까지 확장해서 관찰하는 체계적인 정신훈련이 시급하다는 점을 확실히 알게 될 것이다. 또한 뚜렷한 목적을 가진 의지나 생각에 집중할 때의 마음은 상대적으로 좁기 때문에 이런 마음은 의식 전반의 내적 힘과 명료성을 따지는 기준이 될 수 없다는 것을 알게 될 것이다. 그리고 어쩌다 좋은 결과를 얻은 정신 활동이 있었다 해서 그것을 기준으로 개인의 의식 수준이 뛰어나다고 단정해서는 안 된다는 것도 알게 될 것이다. 의식 수준을 판단하는 결정적 요인은 어느 정도로 자기 이해와 자기 통제가 되는가이다. 다시 말해 평상시 분명한 알아차림을 하는지 못하는지, 평상시 행동을 통제하는지 못하는지가 자신의 의식 수준을 판단하는 관건이다.

우리 마음이 어수선하고 혼란스러운 것은 오랫동안 살아오면서 또 붓다가 가르치셨듯이 여러 생에 걸쳐서 생각과 말, 행동을 할 때 일상적으로 사소한 부주의를 계속 저지른 데 원인이 있다. 이러한 부주의는 온갖 문제를 일으킨다. 옛 불교 스승들은 말했다.

부주의는 숱한 먼지를 만들어낸다. 집에 먼지가 쌓이듯이 마음에서도 마찬가지로 때가 쌓인다. 하루 이틀 쌓인 먼지는 그리 많지 않으나 여러 해 동안 쌓인 먼지는 어마어마한 쓰레기 더미로 불어날 것이다.[7]

우리 마음속의 어둡고 어수선한 구석은 가장 위험한 적들의 은신처이다. 적들은 그 은신처에서 눈치챌 틈도 없이 우리를 공격하고 너무도 자주 우리를 제압해 버린다.

---

7 《숫따니빠아따Suttanipāta》, 주석서 334게

불만 가득한 욕망과 억눌린 분노, 동요, 변덕 그리고 그 밖의 많은 그늘진 마음으로 가득한 그 어두운 세계에서는 탐욕과 욕정, 증오와 분노라는 욕망이 강력하게 끓어오른다. 더욱이 그 어둑한 세계의 본바탕은 잘 드러나지 않으면서 불선不善의 뿌리[akusala mūla]가 된다. 그것이 바로 치암癡闇인데 탐貪·진瞋·치癡, 삼독三毒 가운데 가장 강력한 불선의 근원이다.

마음의 주된 번뇌인 탐욕, 증오, 치암을 제거하려고 시도한다 해도 이들 번뇌가 마음의 통제되지 않은 어둑한 구석에서 은신처와 지지처를 발견하는 한 또 몇 가닥 고상하고 밝은 생각이 황금 올처럼 섞여 있을지라도 마음이라는 천의 밑바탕이 어두운 생각과 감정으로 촘촘하고 복잡하게 짜여있는 한, 번뇌를 제거하려는 시도는 실패하기 마련이다. 그러면 우리는 어떻게 그 버겁고 뒤엉킨 번뇌의 떼거리를 다루어야 할까? 보통 우리는 그 번뇌 떼거리를 무시해버리거나 피상적인 생각으로 그것들과 정면으로 맞서 꺾어버리려 든다. 하지만 여기에 유일하게 안전한 대처법이 있으니 바로 마음챙김으로 대응하는 길이다. 번뇌들이 일어날 때마다 어떤 어려운 노력이 필요한 것이 아니라 단지 번뇌가 더 자라기 전에 가능한 한 자주 이 번뇌들에 맨 주의를 기울이는 습관을 붙이는 노력만이 필요할 뿐이다. 이때 작용하는 원리는 두 가지 생각이 동시에 일어날 수 없다는 단순한 사실이다. 마음챙김이라는 밝은 빛이 비칠 때에는 어두한 마음이 자리 잡을 수 없기 때문이다. 마음챙김이 지속해서 확고한 발판을 확보하기만 한다면 아직 갓 생겨난 생각, 기분, 감정을 마음이 어떻게 다루어 낼 것인지는 부차적 문제가 된다. 우리는 그 번뇌를 묵살하고 의도적인 생각으로 대체해버릴 수도 있다. 또는 그 생각을 내버려 두거나 심지어 그 생각이 뻗치는 대로 마음챙김하며 따라가 볼 수도 있다. 후자의 경우 그 생각들이 종종 얼마나 천박하고 보잘것없는지 바닥을 드러내 보이게 될 것이고, 일단 정체를 드러낸 이상 그 생각을 처리하는 것은 그다지 어렵지 않을 것이다. 이렇게 맨 주의 기울이기를 하는 것은 매우 간단하고 효과적이다. 단지 어려움이 있다면 얼마나 지속적으로 맨 주의를 기울일 수 있는가 하는 것이다.

복잡한 것을 관찰한다는 말은 복잡하게 짜여있는 올들을 낱낱이 가려냄으로써 그 구성요소들을 확인하는 것을 의미한다. 이런 방식을 정신생활이나 실제 삶의 복잡한 흐름에 적용해보면, 강력한 조절작용이 자동적으로 일어나는 것을 목격할 것이다. 마치 생각의 추이도 차분하게 관찰하는 눈길 앞에서 부끄러워하는 듯, 덜 혼란스럽고 덜 변덕스러워질 것이다. 생각은 이제 이전처럼 예사로 진로를 바꾸는 일 없이 점점 더 잘 조절된 강물처럼 흐르게 될 것이다.

금생 수십 년은 물론 세세생생 윤회해온 숱한 전생 동안 각자의 내면에 지적 감정적 편견과 신체적 정신적 습관이 촘촘히 짜이고 겹겹이 쌓여왔다. 이런 편견과 습관이 우리 인생에서 차지하는 위치가 합당한지 또 유용한 기능을 하는지에 대해 의문을 가져본 적은 없었다. 여기에 또 다시 맨 주의를 적용하면 이들 심층의 오래되고 굳은 토양을 부드럽게 만들어 체계적인 정신단련이라는 씨앗을 뿌릴만한 토양으로 바꿀 수 있다. 맨 주의 기울이기는 우리의 습관이라는 촘촘히 짜인 천의 올을 하나하나 확인하고 추적할 수 있다. 맨 주의 기울이기는 격정적 충동에 뒤따르는 합리화와 편견에 대한 변명들을 주의깊게 솎아낸다. 또한 이미 문제 삼는 것이 무의미할만큼 오래 자리잡힌 습관에 대해서도 과감하게 돌아보게 된다. 따라서 맨 주의 기울이기를 하면 오랜 습관의 뿌리가 드러나고 모든 해로워 보이는 습관을 가차 없이 끊어낼 수 있다. 간단히 말해 오랜 습관은 일찍이 문제 삼아 본 적도 없고 도저히 뚫을 수도 없을 것 같지만, 맨 주의 기울이기를 하면 그 단단한 구조에서 미세한 틈을 찾아낼 수 있다. 그렇게 되면 필요한 경우 꾸준한 명상 수행이라는 강력한 지혜의 칼날로 그 틈을 가를 수 있고 마침내 요령 있게 순차적으로 오랜 습관을 깨뜨려 나갈 수 있다. 촘촘하게 짜여져 견고해 보이는 습관도 그 내적 연결고리만 파악하면 종식시킬 수 있는 것이다.

명상 수행을 해서 마음이 조건지어진 것이라는 사실과 그리고 그러한 마음의 실상이나 세세한 부분을 알게 되면 마음에 근본적 변화를 일으킬 수 있는 기회도 늘어난다. 명상 수행을 함으로써 지금까지 문제시해 본 적 없던 마음의 습관들과 애매하거나 일상적인 마음은 물론, 여지없이 확고해 보이는 물질계의 사실들까지도 의문의 대상으로 삼게 되고 스스로 믿어 마지않던 확신감도 크게 줄어든다. 하지만 많은 사람들은 '확고한 사실'이라고 당연시하며 자기 확신에 차서 새삼스레 정신 수행을 따로 밟는 걸 반기지 않는다. 이는 마음 수행으로 별다른 가치 있는 결과를 얻을 수 있으리라고 믿지 않기 때문이다. 그러나 마음을 정돈하고 조정하는 일에 맨 주의 기울이기를 하면 상당한 결과가 나타날 것이고, 그래서 마음 수행에 대한 의심이 사라지고 정신적 향상의 길에 더 깊이 들어설 용기가 생길 것이다.

붓다가 말씀하신 마음챙김의 첫 번째 목적인 '중생 정화'를 위해서 맨 주의의 정리, 정돈 기능이 기본적으로 중요하다는 점을 우리는 명심해두어야 한다. 이 말은 정리, 정돈 기능이 중생의 마음을 정화하는 첫걸음으로 마음 작동 과정에 첫 단추를 끼운다는 뜻이다. 바로 그런 의미에서 〈염처경〉 주석서에서도 '중생의 정화를 위하여'라는 말을 다음과 같이 설명한다.

마음의 오염원[煩惱]이 중생을 더럽히고,
마음의 청정함이 중생을 정화한다.[8]

마음의 청정은 바로 이 마음챙김 확립의 길*satipaṭṭhāna magga*에 의해 실현된다.[9]

---

8 [역주] Cittasaṃkilesā bhikkhave sattā saṃkilissanti cittavodānā sattā visujjhanti. 《상응부》 III, 22:100경 〈가죽끈 경 *Gaddulabaddha sutta*〉, PTS 151쪽.

9 [역주] "Tañ ca cittavodānaṃ iminā satipaṭṭhāna maggena hoti." 《중부 주석서 *Papañcasūdanī*》, 1권 232쪽 참조.
사띠빠타아나*satipaṭṭhāna*는 염처念處로 번역되는데, ① 염의 주처란 의미로 '사념처四念處' ② '염의 확립'으로 해석하는 두 경우가 있다.

• 이름 붙이기

맨 주의를 기울이면 심리적 흐름의 온갖 혼란스러운 가닥들을 분류하고 확인함으로써 마음을 정리 정돈할 수 있다고 앞에서 말했다. 그런 확인 기능은 다른 정신적 활동과 마찬가지로 언어로 표현하는 것으로 이어진다. 달리 말하면 확인은 심리적 흐름 하나하나에 표 나게 이름을 붙이는 방식으로 진행된다.

원시시대의 사람들은 낱말이 마법의 힘을 발휘할 수 있다고 믿었다. '사물에 이름을 붙이면 그 사물이 인간에게 미치는 알 수 없는 힘과 미지에 대한 공포가 사라진다. 원시시대의 사람들에게는 어떤 힘, 어떤 존재나 어떤 사물의 이름을 안다는 것은 그것들을 지배한다는 것과 같은 의미였다.'[10] 많은 동화나 신화에도 이름의 신비한 효력

---

10 아나가리까 B. 고윈다Anagarika B. Govinda, 《초기불교 철학의 심리학적 사고 방식The Psychological Attitude of Early Buddhist Philosophy》, 런던, Rider & Co, 1961.

을 믿었던 옛이야기들이 나오는데, 거기에 보면 용감하게 악마와 맞서서 그의 이름을 부르는 것만으로도 악마를 꺾을 수 있었다.

　원시시대 사람들이 말하는 '말의 마법'은 분명 일리가 있으니 맨 주의를 닦으면서 이름 붙이기의 힘을 확인할 수 있기 때문이다. 마음속 격정적 충동과 모호한 생각인 '어두운 악령들'은 이름을 붙여 그 정체가 드러나면 견디지 못하게 된다. 하물며 그 이름의 의미에 간단하면서도 명확한 의문을 가지기만 하면 악령들이 어찌 맥을 출 수 있겠는가. 이렇듯 그것들의 힘을 꺾는 데는 이름 붙이기만으로도 충분할 때가 가끔 있는 것이다. 마음챙김하는 고요하고 관찰력 있는 눈길은 숨어 있는 악령을 찾아낼 수 있다. 그리고 이름을 부르면 숨어 있던 곳에서 밖으로, 의식이라는 햇빛 아래로 그들을 끌어내게 된다. 햇빛 아래에서 그들은 당황해서 자기 정당화에 급급해질 것이다. 맨 주의 기울이기 수행을 하면서 이름 붙이기를 하는 단계에서는 악령들의 이름이나 정체성을 드러내는 것 외에 더 이상 어떤 면밀한 취조도 하지 않았는데, 그들은 그런 꼴을 보일 것이다. 초기 단계에서 그 악령들을 열린 곳으로 끌어낸다면, 그들은 정밀한 검토를 견뎌내지 못해 마침내 점점 사그라들고 사라져 버릴 것이다. 이처럼 맨 주의 기울이기 수행의 초기 단계에서 벌써 그 악령들을 제압하여 첫 번째 승리를 거두게 될 것이다.

저급한 생각들이 마음에 떠오르면 비록 순식간에 그 생각이 지나가고 그다지 명료하지 않았더라도 그 자체가 바람직하지 않고 자존심에도 상처를 준다. 그래서 종종 이러한 불유쾌한 생각들을 무시해버리거나 반응하지 않고 밀쳐내 버린다. 그리고 그 저급한 생각들의 진정한 본성을 숨겨 위장하려고 더 기분 좋고 점잖은 꼬리표를 붙여 버린다. 무시하거나 위장하려는 생각, 그 어느 쪽이든 이런 저급한 생각들은 잠재의식의 천박성만 더 키워주게 될 것이다. 이렇게 되면 번뇌가 일어나 우리를 지배하려들 때, 번뇌에 휘둘리지 않으려는 의지가 약해져서 번뇌를 회피하려는 성향이 강해질 것이다. 그런데 바람직하지 않은 저급한 생각들이 일어날 때, 거기에 명백하고 정직하게 이름을 붙이거나 간단히 등록하면, 즉 마음에 등재하면, 그 생각들을 무시하거나 위장하는 두 가지 해로운 반응은 하지 않게 된다. 따라서 그러한 반응이 잠재의식에 끼치는 해로운 결과를 피하게 될 것이고 무시하거나 위장하는데 드는 정신적 소모도 필요하지 않게 될 것이다.

저급한 생각이나 자신의 결점에 정확한 이름을 붙이게될 경우, 마음속으로 이런 생각과 결점에 대하여 반감을 느끼고 혐오하게까지 될 것이다. 그러다가 결국 이러한 마음은 자신의 저급한 생각과 결점을 점검하여 마침내 너끈히 없애버리게 된다. 비록 이름 붙이기를 한다고 해서 바람직하지 않은 성향들을 단번에 완전히 제어하지는 못하더라도 그런 생각이나 결점들이 나올 때마다 거듭거듭 반감을 가지면 바람직하지 않은 성향은 약화될 것이다. 이름 붙이기를 계속하면 건전하지 않은 생각들이 더 이상 설쳐대지 못하고 우리를 좌지우지할 수 없게 된다. 이런 식으로 불건전한 생각들이 약해지면 그만큼 다루기도 쉬

워질 것이다. 저급한 성향들을 이렇게 다룰 때 협력자로
서 힘을 보태주는 것이 바로 '도덕적 부끄러움의 힘*hiri-bala*'[11]으로 이 힘 역시 지금 우리가 말하고 있는 단순하지
만 미묘한 심리적 기법에 의해 체계적으로 강화된다.

맨 주의 기울이기 수행에서 '이름 붙이기'와 '등록하기'[12]

---

11 [역주] 부끄러움과 두려움[慙愧 *hiri-ottappa*]은 불교 수행자가 갖추어야
할 칠보七寶 중 하나이다. 칠보는 법에 대한 확신, 계행, 부끄러움, 두려
움, 배움, 베풂 그리고 바른 견해[慧]이다. 《증지부》 IV, 7:6경 〈재산 경
Dhana sutta〉; 보리수잎·쉰 《불제자의 칠보》, 소마 스님 지음, 민병현 옮
김, 〈고요한소리〉 참고.

12 [역주] 우리의 생각 과정은 17 심찰나들로 구성되어 있다고 한다. 여기
서 말하는 '등록'은 16, 17단계에 해당한다. 언뜻 생각하면 길게 느껴
지는 이들 17 심찰나들은 극소로 짧은 시간 동안 벌어지는 단 하나의
생각-과정을 구성하고 있다.

① 과거의 무의식[過去有分 *bhavaṅga-atīta*]
② 무의식의 동요[有分의 動搖 *bhavaṅga-calana*]
③ 무의식의 중단[有分의 斷壞 *bhavaṅga-upaccheda*]
④ 다섯 감각의 문을 향함[五門轉向 *pañcadvāra-āvajjana*]
⑤ 다섯 갈래의 식[五識 *pañca-viññāṇa*]] ⑥ 받아들임[領收 *sampaṭicchana*]
⑦ 조사調査 *santīraṇa* ⑧ 확정確定 *votthapana*
⑨ ~ ⑮ 생각-촉진[速行 *javana*] ⑯, ⑰ 경험의 등록[彼所緣 *tadālambaṇa*]
법륜·열셋 《우리는 어떤 과정을 통하여 다시 태어나는가》, 구나라뜨나
지음, 유창모 옮김, 〈고요한소리〉 참고.

는 바람직한 생각과 추진력에도 마찬가지로 작용하여 이들을 고무하고 강화한다. 의도적으로 주의를 기울여주지 않으면 이런 건전한 성향들은 종종 간과되고 보람이 없게 되어버린다. 그러나 건전한 성향들을 명확하게 알아차려주면 이는 건전한 성향들의 성장을 고무하는 결과를 가져올 것이다.

바른 마음챙김, 특히 맨 주의 기울이기의 가장 큰 이점은 외부에서 일어나는 크고 작은 일들과 내면에서 일어나는 심리 현상들을 우리 성장의 계기로 활용할 수 있게끔 해준다는 점이다. 게다가 이름 붙이기나 등록하기를 통하여 대상을 '있는 그대로' 객관적으로 보게 되면 아무리 유익하지 못한 것도 유익한 것으로 바뀌는 출발점이 될 수도 있다.

〈염처경〉[13]에 나오는 다음 네 가지 예를 보면, '이름 붙

---

13 [역주] 〈염처경Satipaṭṭhāna sutta〉, 《중부》 I, 10경. 이 경에서 붓다는 신身·수受·심心·법法, 사념처를 마음챙김하도록 설하셨다.

이기'나 '맨 등록하기'가 하는 역할을 알 수 있다.

① 즐거운 느낌을 경험하고 있을 때, '나는 즐거운 느낌
　을 경험한다.'고 안다 등등.

② 탐욕스런 마음이 있을 때, '나의 마음이 탐욕스럽
　다.'고 안다 등등.

③ 감각적 욕망이 있을 때, '나에게 감각적 욕망이 있
　다.'고 안다 등등.

④ 깨달음의 인자인 마음챙김[念覺支][14]이 있을 때, '나
　에게 마음챙김이라는 깨달음의 인자가 있다.'고 안
　다 등등.

　이 절을 끝내면서 간단히 지적해두고 싶은 것은 심리적
흐름에 대한 정돈하기와 이름 붙이기가 마음 흐름의 본성

---

14 [역주] "세존이시여, '깨달음의 인자, 깨달음의 인자!'라고들 하는데 어
떤 까닭으로 깨달음의 인자라고 부릅니까?"라고 어느 비구가 여쭈었
다. "비구여, 그들은 깨달음으로 이끌어준다. 그래서 그렇게 불린다."
《상응부》V, 46:5경 〈비구 경*Bhikkhu sutta*〉, PTS 72쪽 ; 법륜·열여섯
《칠각지》, 삐야닷시 스님 지음, 전채린 옮김, 〈고요한소리〉 참조.

을 이해하는 일, 즉 통찰[*vipassanā*]이라는 과업을 위해 불가결한 준비 작업이라는 점이다. 맨 주의가 행하는 이런 기능들은 심리적 흐름이 빈틈없이 이어진다는 착각을 버리도록 도와줄 것이다. 또한 이 심리적 흐름의 특질이나 특성을 알아내는 데에도 또 그들의 찰나적 생멸을 주목할 수 있게 되는 데에도 도움을 줄 것이다.

2. 비폭력적, 비강제적 방식

• 명상에 장애가 되는 요소들

우리를 둘러싼 바깥 세계나 우리 마음속의 세계나 모두 적대적이자 상충되는 힘으로 가득 차 있어서 그 때문에 우리는 고통을 느끼고 좌절한다. 반대 세력과 정면으로 맞서 싸워서는 승산이 없다는 사실을 우리는 자신의 쓰라린 경험을 통해 알고 있다. 외부 세계는 매사가 우리 뜻대로 되어주지 않고 마음속 내면세계에서도 격정과 충동이나 변덕 같은 것들이 종종 우리의 책임감이나 이성과 높은 향상심의 의욕을 짓이겨 버린다.

게다가 내면세계에 과도한 압력을 가하면 바람직하지 않은 상황이 오히려 더 악화될 뿐이라는 것도 배우게 된다. 격정적 욕망도 순전히 의지력만으로 잠재우려 들면 오히려 커져 버린다. 상대의 입장을 짓누르려고 분노에 찬 반박이나 헛된 시도로 계속 부채질하다 보면 논쟁이나 싸움은 끝없이 계속될 뿐 아니라 점점 더 격렬해질 것이다. 일을 할 때나 휴식을 취하거나 혹은 명상 수행을 하는 동안 방해를 받게 되면 불쾌해하거나 화를 내거나 참으려고 시도하는데, 그럴 경우 그 방해는 더욱 강렬하게 느껴지고 그 영향도 더 오래 지속될 것이다.

이처럼 우리는 인생에서 억지로 풀 수 없는 국면을 거듭거듭 마주치게 된다. 그러나 강요를 행사하지 않고도 인생살이의 우여곡절과 마음속 갈등을 다스릴 수 있는 방법들이 있다. 안을 향해서든 밖을 향해서든 강제적인 시도가 안 통할 때 오히려 무리한 방식을 쓰지 않는 것이 최선의 해결책이 되는 경우가 종종 있는 것이다. 그렇게 마음이나 인간사를 비폭력적으로 다스리는 길이 바로 마음챙김의 확립이다. 바른 마음챙김[正念 sammā sati]을 계발할 때 기본적인 수행은 맨 주의 기울이기를 하는 것이다. 이 맨 주의 기울이기 방식을 정연히 적용하면 비강제적 접근

방식의 숨은 힘이 점차적으로 펼쳐지면서 이로운 결과와 예상 밖의 폭넓은 영향이 드러날 것이다.

지금 여기서 우리의 주 관심사는 마음챙김이 마음을 다스리는 데 어떤 이점이 있으며 또 비강제적 방식에 의한 수행이 명상의 진전에 어떤 기여를 할 것이냐 하는 문제이다. 하지만 그밖에도 마음챙김 수행이 일상생활에 어떤 파급효과를 가져오는지에 대해서도 조금씩 살펴 볼 것이다. 자신이 안고 있는 문제들에 이 비강제적 수행방식을 적용해서 좀 더 자세하게 살펴보는 일이 사려 깊은 독자들에게는 그다지 어렵지 않을 것이다.

명상 중에 나타나고 또 순조로운 진행을 망치는 적대 세력은 다음의 세 종류이다.

① 외적인 방해, 소음 등.
② 내면의 번뇌煩惱 kilesa, 욕정, 노여움, 들뜸, 불만, 나태 등 명상 중에 언제든지 나타날 수 있는 심적 요

소들.

③ 각종 부수적인 뜨내기 생각들이나 공상.

　마음을 산란하게 만드는 이런 장애 요소들은 대응에 미숙한 초심자들에겐 커다란 걸림돌이 된다. 명상 중에 이런 방해가 실제로 일어났을 때 비로소 이 문제를 생각한대서야 어찌 큰 도움이 되겠는가? 또 방어 준비가 안 된 채로 싸움에 말려들면 별수 없이 허둥대며 비효율적으로 싸울 수밖에 없다. 그리되면 초조해지기 쉽고, 이 초조함이 새로운 방해가 되어 그 장애들의 세력만 더 키워주게 된다. 만일 한 철 결제 기간 중에 어떤 종류든 방해가 나타나고 그에 서투르게 대응하는 일이 여러 번 반복하여 발생하게 되면 초심자는 심한 좌절감을 느끼고 초조해져서 이번 결제 기간에는 명상하기는 틀렸구나 하는 식으로 시도를 포기해 버릴 수도 있을 것이다.

　사실 수행자가 책이나 지도자들의 가르침을 통해 명상에 관련한 사항들을 자세히 숙지하고 있더라도 명상 중에 생기는 방해들을 잘 대처할 수 있는 훈련이 부족하기 일쑤이다. 방해에 직면하면서 느끼는 무력감은 초보 수행자에게 가장 감당하기 힘든 일이다. 그 시점에서 많은 사람들이 더 이상 체계적인 수행을 하려는 노력을 접고 두 손을 들어버린다. 세상만사가 다 그렇듯이 명상 수행에 있어서도 수행자가 '초기의 난관'에 어떻게 대처하느냐가 그 수행의 성공 여부를 좌우한다.

안팎으로 방해들에 직면했을 때, 경험이 없거나 지도를 받지 못한 초심자는 보통 다음 두 가지 방식으로 대응할 것이다. 초심자는 우선 그 방해들을 가볍게 밀쳐내려 들 것이고, 그 방법으로 안 되면 다음에는 우격다짐으로 그 방해들을 억누르려 들것이다. 그런데 원래 이러한 방해들은 무례한 파리들과 같다. 초심자는 처음에는 가볍게 그다음에는 점점 더 성이 나서 힘껏 파리채를 휘저어 파리들을 쫓을 것이다. 처음 잠시 동안은 쫓아낼 수 있지만, 파리들은 끈질기게 약을 올리며 되돌아올 것이고 그러다보면 애써 파리 쫓느라 생긴 성가신 느낌이 오히려 애꿎게 마음의 평정만 더 교란하게 될 것이다.

마음챙김의 확립은 그 특유의 맨 주의 기울이기를 통해 수행 중에 생기는 방해를 비폭력적으로 다루자는 것이지, 그것들을 힘으로 누르려 드는 헛되고도 해로운 억지를 쓰자는 것이 아니다. 비폭력적 방식으로 마음을 다스릴 수 있게 되려면 먼저 우리의 마음가짐부터 올바르게 챙겨야 한다. 앞에 열거한 세 가지 방해는 좋든 싫든 세상살이에서 우리가 함께할 수밖에 없다는 사실을 충분히 인식하고 냉정하게 받아들일 필요가 있다. 그 방해들을 인정하지 않는다 해서 실상이 바뀌지는 않는다. 일부의 방해들은 우리가 감수할 수밖에 없을 것이고 여타의 것들, 즉 정신적 때[垢, 번뇌]와 같은 것들은 효율적 대처방법을 계속 연구하고 실험해서 정복해 나가야지 달리 길이 없다.

① 많은 사람이 모여 사는 이 세상에서 우리가 홀로 동떨어져 살 수는 없기 때문에 어차피 소음이나 불쑥 찾아

온 사람 등 외부로부터 온갖 방해를 받기 마련이다. 우리는 사람들이나 개들의 소음 때문에 방해받지 않고 '고고한 고립' 속에서 살거나 군중을 멀리 내려다보는 '상아탑' 속에서만 살 수는 없는 노릇이다. 올바른 명상은 현실도피가 아니다. 다시 말해 잠시 잊어버리고 지내기 위해 은신처를 마련하는 것이 아니다. 실질적으로 마음챙김 명상은 우리가 살고 있는 이 세계를 정면으로 마주하고 이해하고 그리고 이겨내게끔 마음을 단련하는 데 그 목적이 있다. 어차피 이 사바세계는 명상생활을 방해하는 수많은 장애를 안고 있기 마련이니까.

② 미얀마의 명상 대가인 마하시 사야도Mahasi Sayadaw는 '해탈하지 못한 중생에게 마음의 번뇌는 반드시 일어나고 또 일어난다. 중생은 이런 사실을 정면으로 직시하고 이런 번뇌를 잘 알고 있어야 마음챙김 확립이라는 적절한 방안을 계속 활용할 수 있다. 마음챙김을 계속하면 번뇌의 힘이 점점 약해지고 그 지속시간도 짧아지다가 마침내 사라질 것이다.'라고 말했다. 그러므로 명상 수행을

하는 사람에게는 고귀한 생각이 일어나는 것을 알아차리는 것만큼이나 번뇌의 일어남과 그 성질을 알아차리는 일도 중요하다.

자신의 번뇌를 똑바로 마주 대할수록 번뇌를 줄이려는 노력을 더 많이 해야겠다는 생각도 간절해질 것이다. 이에 반해 번뇌가 생길 때 괜스레 창피감이나 자만심에서 그 번뇌를 외면하려 애쓰다 보면 제대로 따져보기는커녕 문제를 확실하게 매듭지을 기회를 피해 가는 꼴이 되고 말 것이다. 그렇다고 무턱대고 번뇌를 쳐내려 들다간 헛되이 진만 빠지거나 오히려 해를 입을 수도 있을 것이다. 따라서 번뇌가 마음속에 일어날 때 그 성질과 작용 양태를 주의 깊게 관찰하면 잘 준비된 채로 그 번뇌를 직시할 수 있게 될 것이고, 종종 미연에 방지하게 될 것이며, 마침내는 완전히 추방할 수 있을 것이다. 그러니 번뇌를 스스럼없이 열린 눈길로 마주하라! 부끄러워하지도 말고, 두려워하지도, 위축되지도 말라!

③ 명상 수행자의 마음을 흐트러뜨리는 세 번째 무리의 훼방꾼은 뜨내기 생각들과 공상이다. 이것들은 과거의 생각, 미래의 생각, 현재의 생각으로 구분할 수 있다. 과거의 생각에는 가깝거나 먼 과거의 다양한 기억과 심상心想들이 있고, 잠재의식의 심층으로부터 떠오르는 것들도 여기에 포함된다. 미래의 생각에는 계획, 상상, 두려움, 희망과 같은 것이 있다. 그리고 현재의 생각에는 명상하는 바로 그 순간 무심결에 일어나는 감각-인식이 있는데 종종 그것과 연관된 생각들이 길게 이어지기도 한다. 집중[三昧 samādhi]과 마음챙김이 느슨해지면 언제나 뜨내기 생각들과 공상이 나타나 그 빈 곳을 채운다. 그 자체로는 대수롭지 않은 듯해도 그것들이 자주 나타나 버릇하게 되면 가장 무서운 장애가 된다. 초심자뿐만 아니라 그 어떤 수행자라도 마음이 들뜨거나 산만해질 때마다 그 피해를 입을 수 있다. 하지만 이러한 침입자들을 다가오지 못하게 막아내기만 하면, 명상의 시간을 길게 누리는 것도 얼마든지 가능할 것이다. 마음의 때[心垢]의 경우와 마찬가지로 뜨내기 생각들도 아라한의 단계에 이르러야만 완벽

하게 제거될 것이다. 아라한과로 얻은 완벽한 마음챙김은 마음의 문을 지키는 데 실수하는 일이 있을 수 없기 때문이다.

어차피 그들 세 가지 방해요소들이 우리의 마음가짐의 틀을 결정할 바에야 그 세 가지 방해요소들과 관련될 수 있는 모든 사실들에 충분한 무게부터 부여해주고 우리도 거기서 충분히 챙길 것은 챙겨내는 것이 낫다. 명상을 하다 보면 이 세 가지 방해요소들 덕분에 '원하는 것을 얻지 못하는 것은 고苦이다.'라는 성스러운 진리, 즉 고성제苦聖諦를 통렬한 체험으로 겪게 될 것이다. 그리고 집성제集聖諦, 멸성제滅聖諦, 도성제道聖諦[15]의 세 진리 역시 이들 진리의 진리됨이 증명될 것이다. 갖가지 방해를 다룰 때도 이런 방식을 취한다면 그 명상자는 이미 염처念處의 영역에 들어있는 것이다. 그는 사성제를 마음 챙겨 알아차리

---

15 [역주] 고성제苦聖諦, 집성제集聖諦, 멸성제滅聖諦, 도성제道聖諦는 사성제四聖諦이다. 소리·셋《불교의 시작과 끝, 사성제》, 활성 스님, 〈고요한소리〉 참조 ; 법륜·열다섯《사성제》, 프란시스 스토리 지음, 재연 스님 옮김, 〈고요한소리〉 참조.

는 일을 하고 있는 것이고, 사성제는 사념처四念處 중 법념처法念處의 한 부분이기 때문이다.[16] 우리 삶에서 실제 겪는 경험을 담마Dhamma[法], 즉 진리와 연계시키고 또 진리 구현의 기회로도 활용해내는 것이야말로 바른 마음챙김의 특색이자 역할 중의 하나이다. 올바르고 유용한 마음챙김이 어떤 모습이어야 할지 모색하는 초기 단계에서 이미 우리는 마음챙김이라는 평화적 무기에 대한 일차 시험을 성공적으로 치러낸 것이다. 요컨대 방해요소를 더잘 알게 됨으로써 우리의 위치를 굳건하게 만든 것이다. 이전까지는 방해요소에 대해 감정적으로 접근한 나머지 우리의 위치가 휘둘렸으나 이제 상대를 반면교사로 삼아 진리를 깨닫게 됨으로써 우리는 처음으로 우위를 점하게된 것이다.

---

16 소마 스님Bhikkhu Soma, 《마음챙김의 길The Way of Mindfulness》, 캔디, BPS, 1975, 83쪽.

• 세 가지 대응 방안

앞서 말한 명상 수행에 방해가 되는 세 가지 요소들을 있는 그대로 볼 정신적 준비가 되어 있으면, 방해가 실제로 일어났을 때 안달이 나서 곧바로 반응하는 경향이 줄어들 것이다. 이제부터 얘기하려는 비폭력적 무기를 갖게 되면 우리는 그 방해들을 감정적 면에서도 전보다 더 나은 위치에서 대할 수 있을 것이다.

명상할 때 생긴 방해들에 대처하는 데에는 지혜로운 세 가지 방안이 있다. 그중 한 방안이 실패하면 나머지 방안들을 순차적으로 활용할 수 있다. 세 방안 모두가 '맨주의 기울이기'를 응용한 것이다. 다만 방해에 주의를 기울이는 정도와 지속시간에서 차이가 있을 뿐이다. 이때 지침이 되는 것은 각각의 방해요소에 필요 이상으로 마음을 헛되이 많이 쓰지 않는 것이다.

① 첫째, 방해요소를 분명히 그러나 가볍게 주목해야

한다. 이 말은 방해요소를 알아차리되 세부사항을 강조하지 말고 거기에 주의를 기울이지 말라는 것이다. 이처럼 방해를 잠시 주목한 후 원래의 명상 주제로 되돌아가도록 노력해야 한다. 방해가 약한 정도이거나 앞서 하던 집중이 강한 편이었다면 원래 하고 있던 명상으로 쉽게 되돌아갈 수 있을 것이다. 그 단계에서는 침입자와 시비나 실랑이에 말려들지 않도록 조심하면서 한편 우리 쪽에서는 침입자에게 오래 머물러야 할 이유를 제공하지 않는 것이 중요하다. 그러면 대부분의 경우 그 훼방꾼은 따뜻한 환대를 받지 못한 손님처럼 곧 떠날 것이다. 이런 식으로 무뚝뚝하게 침입자를 물리치면 우리 마음의 안정을 심하게 흐트러트리지 않은 채 원래 하던 명상으로 돌아갈 수 있는 경우가 종종 있다.

여기서 말하는 비폭력적 방안이란 그 방해에 맨 주의를 기울이되 반응은 최소로 줄이고 그것이 저절로 가라앉기를 바라는 쪽에다 마음을 쓰는 것이다. 이것은 붓다 당신이 때아닌 때에 불쑥 찾아온 방문객을 다루신 방식으로 〈대공경大空經 *Mahāsuññata sutta*〉[17]에 묘사된 바와 같이 "… 홀로 있고 싶은 …… 그리고 물러나 주기를 바라는 마음으로, 방문객들을 물러가게 할 목적으로 대화하신다."라고 한 그 정황이다. 이와 유사하게 샨티데바 Shantideva[18]는 어리석은 사람을 정 피할 수 없을 경우, 신사의 무심한 점잔으로 그들을 대하라고 조언하였다.

② 둘째, 그런데도 방해가 지속되면 그때에는 참을성 있고 고요하게 맨 주의 기울이기를 거듭거듭 반복해야 한다. 그러다 보면 그 방해요소가 힘이 소진되어 사라져 버릴 것이다. 다만 이 경우 자기의 수행경로에서 빗나가는 것을 단호하게 거부하면서 '안 돼'를 되뇌이며 거듭되는 방해의 발생에 맞서는 마음가짐을 유지한다. 이는 참을성 있고 흔들림 없는 마음가짐이다. 그러니까 주의 깊은 관찰력에다 기다리고 물러서지 않는 역량을 보태줘야 한다.

---

17 [역주] 《중부》 III, 122경, PTS 111쪽.

18 [역주] 샨티데바Shantideva (685~763 C.E.): 인도 승려.

뜨내기 생각이나 공상 따위는 본래 그 성질이 연약하므로 이 두 방안만으로도 능히 이겨낼 수 있을 것이다. 다른 두 가지 유형의 방해들, 즉 외부적 방해나 마음의 때 같은 것들도 이 방안에 항복하는 수가 꽤나 많이 있을 것이다.

③ 셋째, 그러나 어떤 연유로 방해들이 항복하지 않으면, 그때는 의도적으로 그 방해에 모든 주의력을 돌려서 그 방해 자체를 인식의 대상으로 삼아 버린다. 그리함으로써 방해 현상을 명상에 대한 방해꾼에서 도리어 본격적인 명상의 주제로 바꾸는 것이다. 어쩌면 그 명상자는 이 새로운 주제를 붙들고 있어야 할 외적이나 내면적인 상황이 끝날 때까지 계속 씨름할 수도 있을 것이다. 아니 오히려 그것이 만족스러운 효과를 내기만 한다면 그 사람은 수련 기간 한 철 내내 그것을 계속 화두로 삼을 수도 있을 것이다.

예를 들어 지속되는 소음 때문에 마음이 어지럽혀질 때 우리는 그 소음에 간단없이 집중해야 하며, 그때 반드

시 주의해야 할 점은 그 대상 자체와 대상에 대한 자신의
반응을 구분하는 것이다. 가령 소음 때문에 불쾌감이 일
어난다면 그것이 일어날 때마다 이를 객관화해서 명확히
인지해야 한다. 그렇게 하면 〈염처경〉에서 설하신 법수관
法隨觀 dhammānupassanā을 행하는 것이 된다. 즉 '그는 귀와
소리 그리고 그 둘을 통해 생겨나는 불쾌감이라는 멍에를
안다.'는 말씀을 실제로 체험한다. 또 소음이 났다 안 났
다 하거나, 커졌다 작아졌다 할 경우, 그는 쉽사리 생과
멸을 그 발생 현장에서 식별할 수 있을 것이다. 이런 식
으로 그는 무상無常[19]에 대한 자신의 통찰 경험을 축적하
게 된다.

　욕정이나 들뜬 생각 같은 되풀이되는 마음의 때[垢]를
대하는 마음가짐도 마찬가지여야 한다. 우리는 그 번뇌를
정면으로 대해야 한다. 하지만 그 번뇌와 그 번뇌에 대한

---

19 [역주] 법륜·넷 《존재의 세 가지 속성 삼법인三法印 - 무상無常·고苦·무아
　無我》, 오 에이치 드 에이 위제세께라 지음, 이지수 옮김, 〈고요한소리〉
　참조.

자신의 반응, 즉 못 본체하기, 두려움, 화, 짜증 등을 구분해야 한다. 구분할 때에는 '이름 붙이기' 방안을 활용하게 되어 이미 언급한 이름 붙이기의 효과도 거두고 있을 것이다. 그처럼 열정이나 들뜸이 파도처럼 되풀이되는 가운데서도 명상 수행자는 차츰차츰 이들 번뇌의 '강함과 약함'이나 '상승과 하강의 국면'을 분간할 줄 알게 될 것이다. 그밖에도 번뇌의 행태에 대한 유익한 지식들을 얻게 될 것이다. 이런 과정을 통해 수행자는 다시금 전적으로 염처念處의 영역에 들어 머무르고 있다는 것이 분명해진다. 바로 사념처 중 심념처와 법념처를 챙기고 있는 것이므로.

이렇듯 명상을 방해하는 것들을 명상의 대상으로 전환하는 방식은 간단하면서도 정교하여 비폭력적 수행법의 절정이라 할만하다. 명상 수행의 길을 나아가는 도중에 겪는 모든 경험을 조도助道[20]로 활용하는 것이야말로 바

---

20 [역주] 조도助道: 깨달음에 이르는 데 도움이 되는 수행 방법을 조도라 함. 사념처四念處, 사정근四正勤, 사여의족四如意足, 오근五根, 오력五力,

른 마음챙김 확립이라는 의미에 가장 잘 부합하는 방안
이다. 이런 식으로 방해꾼을 친구로 만드니 모든 방해와
적대 세력이 우리의 스승이 될 수밖에 없고 스승은 누구
할 것 없이 선지식善知識으로 간주되어 마땅하다.

여기서 주목할 만한 소책자의 한 구절을 인용하고 넘어
가야겠다. 캐서린 버틀러 해서웨이Katherine Butler Hathaway
가 쓴 《작은 자물쇠장이The Little Locksmith》라는 책인데
고통을 겪는 가운데 불굴의 정신과 실용적 지혜를 얻어
가는 감동적인 인간기록이다.

나는 알 만한 사람들이 자기 마음에 들지 않는 것을 마구 버
려버리는 그 무지와 낭비성에 충격을 받는다. 그들은 경험들,
사람들, 결혼, 환경, 온갖 종류의 물건들 등을 마음에 들지 않
는다 해서 버린다. 한 물건을 버리면 그것은 가버린다. 당신은

칠각지七覺支, 팔정도八正道를 합해 37조도품이며, 37보리분법菩提分法,
37각지覺支, 37도품道品 등으로도 불린다. 보리수잎·열셋 《불교와 과학,
불교의 매력》, 프란시스 스토리 지음, 박광서 옮김, 〈고요한소리〉 주 12
참조.

무언가를 가지고 있었는데 이제는 아무것도 없다. 빈손이 되었고 손댈 거리도 없어졌다. 그런데 신기하게도 우리가 버린 것 중 대부분은 조금만 손보면 깔끔히 고쳐질 수 있는 것들이다. 그런데 도대체 이 인간들은 아무리 고약한 상태일지라도 거기에는 못마땅한 점을 개선할 여지가 있다는 것을 매번 깜빡 잊어버린다.

앞에서 우리는 세 가지 방해요소가 일어나는 것을 항상 예방할 수는 없다고 말한 바 있다. 그 방해요소들은 세상사의 한 부분이어서 우리의 호불호와 관계없이 제 나름대로 오고 간다. 그렇지만 맨 주의를 기울이면 우리는 그 세력에 휩쓸리거나 그 때문에 명상에서 이탈하는 것을 피할 수 있다. 마음챙김이라는 안전한 토대 위에 굳건하고도 고요한 자리를 잡음으로써 우리는 보리수나무 아래에서 벌어졌던 저 역사적인 상황을 소박하게나마 따라 체험하는 것이다. 무슨 말인가 하면 붓다가 보살이었을 때 마왕 마아라māra를 물리치신 것과 본질적으로 동일한 방법으로 마음챙김을 한다는 뜻이다. 사악한 마아라가 자기

군대를 이끌고 와서 붓다가 깨달음을 이룬 자리인 길상초
좌吉祥草座를 빼앗으려 했을 때 그분은 굴복하지 않으셨
다. 우리도 마음챙김의 힘을 믿고 확신에 차서 그 당시의
그분 붓다의 결의를 되뇌어 보자.

나를 이 자리에서 물러나게 하지 못할 것이다!
ma maṃ ṭhānā acāvayi!

《숫따니빠아따》〈정근 경〉 442게[21]

　방해꾼들이야 오든지 가든지 내버려 두자. 방해꾼이란
모두 정신적, 육체적 사건들인데, 어차피 그것들은 끝없이
이어지기 마련이다. 그러나 맨 주의 기울이기를 실천하고
있으면 지켜보는 날카로운 눈앞에서 그 방해꾼들은 생겨
나자마자 바로 사라져 버린다.

---

21 [역주]《숫따니빠아따》,〈대품〉 2경〈정근 경*Padhāna sutta*〉, 442게.
　Samantā dhajiniṃ disvā yuttaṃ Māraṃ savāhanaṃ
　Yuddhāya paccuggacchāmi, ma maṃ ṭhānā acāvayi.

여기서 우리가 누리는 큰 이점은 한 순간에 두 생각이 동시에 일어날 수 없다는 엄연한 사실이다. 주의 기울임이라는 것은 엄밀히 말해서 현재를 대상으로 하는 것이 아니라 지금 막 지나간 순간을 대상으로 하는 것이다. 이 말은 '방해'나 '번뇌'란 이미 지나간 시점에 일어난 것이어서 마음챙김이 유지되고 있는 현재 이 순간에는 그것들이 존재하지 않는다는 뜻이다. 이 논리에 따르면 우리는 '관찰자의 지위'라는 안전한 토대 위에서 '깨달음의 옥좌'에 오를 기회를 잡을 수 있다.

초연히 지켜보기를 하면 앞의 세 방안에서 했던 것처럼 마음이 차분하고 무심해져서 명상을 방해받아도 점점 짜증내는 강도가 약해지고 영향도 덜 받게 될 것이다. 이것이 바로 경에 나오는 이욕離欲 *virāga*의 진정한 의미이자 역할이다. '위라아가*virāga*'는 문자 그대로 '색의 바램'이란 뜻이다. 우리가 마주치는 이 방해꾼들은 탐욕, 혐오, 화돋굼 그밖에도 온갖 마음의 때[垢]를 충동하는 감성적 색조를 띠고 있는데, 이 색조를 벗겨내 버리면 그들 역시 '맨 현상suddha dhamma'으로서 그 진면목을 드러낼 것이다.

맨 주의 기울이기라는 이 비폭력적인 방안은 명상 수행자가 예민하고 종잡을 수 없고 다루기 힘든 마음을 가볍게 그러면서도 확실하게 다루는 데 가장 필요불가결한 것이다. 뿐만 아니라 일상생활에서 마주치는 온갖 힘든 상황과 장애들도 순조롭게 다룰 수 있게 된다. 명상에 몰입하는 데 필요한 평정심이 어떤 성질의 것인지 《청정도론》에서 설명하고 있다. 옛날 외과外科 수련생들이 수술기법을 얼마나 잘 익혔는지 확인하기 위해 치러야 했던 시험을 예로 든다. 물이 담긴 그릇에 연잎 하나를 띄워놓는다. 학생은 연잎에 세로로 칼자국을 내야 하는데, 그 잎을 완전히 잘라서도 안 되고 잎이 물속에 잠기게 해서도 안 된다. 힘을 너무 가하면 그 잎은 둘로 잘리거나 물에 잠기고 만다. 너무 소심한 학생은 잎에 흠집조차 내지 못한다. 실제로 수술할 때의 조심스러우면서도 흔들림 없는 손과 같은 것이 마음공부에도 필요하다. 이 능숙하고 균형 잡힌 손

길은 비폭력적인 방식으로 맨 주의 기울이기를 할 때 자
연스럽게 얻게 되는 성과라 할 것이다.

3. 멈추기와 천천히 하기

· **고요하기**

마음의 역량을 거리낌 없이 최대한 발휘하기 위해서는
서로 보완하는 두 힘, 즉 활성화시키는 힘과 억제하는 힘
의 작용이 모두 필요하다. 이 두 힘이 필요하다는 것은 그
누구보다 마음을 잘 아시는 분인 붓다께서 확인하셨다.
붓다는 정진근精進根과 정근定根[22]을 똑같이 강하게 그리
고 균형있게 유지해야 한다고 하셨다.[23] 나아가 칠각지七
覺支 중에 '택법각지擇法覺支, 정진각지精進覺支, 희각지喜覺
支' 이 셋은 마음을 분발시키는 데 적합하고, '경안각지輕
安覺支, 정각지定覺支, 사각지捨覺支' 이 셋은 마음을 고요

---

22 [역주] 정진근精進根과 정근定根은 오근五根 중의 두 가지이다. 오근은 신
근信根 *saddhindriya*, 정진근精進根 *viriyindriya*, 염근念根 *satindriya*, 정근定
根 *samādhindriya*, 혜근慧根 *paññindriya*이다.

23 《청정도론》, 붓다고사 지음, 냐냐몰리 스님 영역, Ⅳ, 47, BPS, 2010.

하게 가라앉히는 데 적합하다고 설하셨다.[24] 이렇게 정신적 기능[根]과 깨달음의 인자[覺支]들 모두에 걸쳐 균형을 이루는지 아닌지를 감시할 뿐 아니라, 활기가 없는 요소들은 활성화시켜 주고 너무 강렬한 요소들은 억제해 주는 것이 바로 '바른 마음챙김[正念]'이다.

마음챙김은 겉보기에는 수동적 성질인 것 같지만 사실은 활성화시키는 힘이다. 그것은 마음을 기민하게 만들며, 이 기민함은 모든 목적이 있는 활동에 필수 불가결하다. 그런데 이 글에서는 마음챙김의 억제력 쪽에 주로 관심을 기울이겠다. 마음이 대상에 얽혀들지 않고 초연한 상태를 유지하게끔 마음챙김의 힘이 어떻게 도와주는지 또 해탈이라는 대역사大力事를 이루어내는 데 필요한 정신적 자질들을 개발 발전시키는 일을 어떻게 적극적으로 돕는지 살펴볼 것이다.

---

24 《청정도론》, 붓다고사 지음, 냐냐몰리 스님 영역, Ⅳ, 51, 57, BPS, 2010.

맨 주의 기울이기를 할 때 우리는 안팎의 세상이 소란스럽게 정신을 빼앗는 가운데서도 지켜보면서 마음과 장소를 고요하게 유지한다. 마음챙김은 안정력을 가지고 있다. 즉 행동을 늦추고 제동을 거는 역량, 성급한 개입을 멈추고 판단을 미루는 역량 그리고 사실들을 지켜보고 현명하게 숙고하기 위해 잠깐 멈추는 역량 등이 안정력을 이룬다. 또한 마음챙김은 생각, 말, 행동의 성급함을 늦추는 건전한 역할도 수행한다. 지금 맨 주의의 억제 효과에 대해 얘기하고 있는데 고요하기와 멈추기, 한숨 돌리기와 천천히 하기는 이 글에서 사용할 열쇠 말이 될 것이다.

중국 고전에 이런 말이 있다.

일을 마무리할 때나 착수하려 할 때나 먼저 '고요하기'부터 챙기는 게 상책이다.

붓다의 가르침에 따르면, 참으로 사람의 진정한 끝은 '형성된 것들[諸行]의 고요해짐*saṅkhārānaṃ upasama*'이라 불리는 열반Nibbāna인바, 최종적 종결 또는 멸滅이다. 여기서 '제행諸行'은 갈애와 무지에 뿌리를 두고 조건지어졌으며 비인격적인 현상들을 의미한다. 형성된 것들, 즉 제행의 끝은 '형성하기'의 그침, 다시 말해 세상을 만드는 업業의 활동이 그침으로써 실현된다. 이는 업 짓는 '세상살이의 끝'이고 괴로움[苦]의 끝을 말하는데, 붓다는 걸어서도 그 어디로 옮겨가서도 여러 생을 거듭[轉生]해서도 다다를 수 없고, 다만 우리 자신 안에서 깨달음에 의해 찾아지는 것이라고 선언하셨다. 고요하기, 멈추기, 한숨 돌리기 같은 사려 깊은 행위가 각각 세상살이의 종결인 열반을 미리 알려주는 것이다. '고요하기'가 최상의 수준에 이르면 업 쌓기를 멈추고, 덧없는 것들에 끝없이 관여하는 것을 그만두고, 생과 사의 거듭되는 윤회[輪轉]의 횟수만 한없이 늘려가는 짓을 그만둔다는 뜻이다. 마음챙김의 길을 따름으로써, 맨 주의를 기울이는 마음가짐으로 고요하기와 한숨 돌리기에 익숙해지도록 훈련함으로써, 우리는 탐욕과 진심瞋心이라는 고유의 기질을 건드리는 세상의 집요한 도전에 넘어가길 거부하게 되고, 지각없거나 현혹된 판단으로부터 우리 자신을 보호한다. 즉 우리는 쓸데없는 개입 행위라는 위험천만한 소용돌이에 무모하게 뛰어드는 일을 자제하게 된다.

개입을 삼가는 사람은 어디에서든 안온하다.

《숫따니빠아따》 953게

고요를 유지하고 멈출 곳을 아는 자는 위험에 처하지 않을 것이다. 《도덕경》 44장

앞서 인용한 중국 고전에서 무슨 일을 시작할 때 고요하기를 챙기는 일보다 더 훌륭한 일은 없다고 했다. 이 말을 불교적 의미로 설명해보자. 고요하기부터 챙기면 실제로 '업 쌓음을 줄여나가는 데 도움'이 된다는 뜻이다. 업짓기를 줄여나가는 정신적 훈련을 전통적 분류에 따라 계戒[품행], 정定[고요], 혜慧[통찰]로 나누어 보고자 한다. 그런데 이 셋은 모두 맨 주의 기울이기에 의해 개발된 고요하기를 지키는 마음가짐에 의해 결정적으로 도움을 받는다.

① 품행[戒]. 우리가 어떤 행위를 할 때 그 행위의 도덕적 수준과 올바로 결정할 수 있는 기량을 어떻게 발전시킬 수 있을까? 우리가 진정으로 그런 발전을 원한다면 저항이 가장 적은 길을 택하는 것이 현명할 것이다. 우리의 결점들은 오래 묵은 습관이나 강렬한 충동에 깊이 뿌리를 박고 있기 때문에 너무 조급하게 바꾸려 들다가는 어이없는 실패를 맛볼지도 모른다. 무엇보다도 우리는 행동과 말에 결함이 없도록 그리고 생각이 짧거나 조급히 서둔 나머지 판단을 그르치는 일이 없도록 주의를 기울여야 한다. 판단을 그르치는 일은 얼마든지 있을 수 있다. 잠깐만이라도 숙고했더라면 잘못을 막을 수 있었을 텐데, 곰곰이 생각했더라면 한순간의 경솔함 때문에 겪게 되는 비참함과 죄책감에 묶이는 멍에를 피할 수 있었을 텐데 등등의 일들이 우리 삶에는 너무도 많이 있다. 그렇다면 도대체 어떻게 해야 우리의 조급한 반응에 재갈을 물리고 나아가 마음챙김하고 숙고하는 순간들로 대체시킬 수 있을까? 그렇게 하는 것은 멈추고 한숨 돌리는 역량을 얼마나 가졌느냐, 그래서 적시에 제동을 걸 수 있느냐에 달렸

고 이런 역량은 맨 주의 기울이기를 습관화시키는 과정에서 얻을 수 있다. 이 습관화 과정 중에 우리는 '지켜보고 기다리는', 그래서 반응을 미루거나 천천히 하는 훈련을 거치게 될 것이다. 물론 처음에는 자신이 선택한 명상수련 기간 동안에 제한된 경험의 장場에서 수련할 수 있을 것이다. 그리고 우리의 집중을 중단시키는 우연한 감각 인상들, 느낌들이나 뜨내기 생각들을 거듭거듭 마주치게 되는데, 그때 어떤 식으로든 이런 방해들에 반응하고 싶은 욕망을 거듭거듭 억제하고, 방해들을 마주하고도 고요함을 유지하는 데 거듭거듭 성공할 수 있을 때, 우리는 일상생활이라는 훨씬 더 넓고 보호되지 않은 장에서도 그 내면의 고요를 지켜낼 수 있도록 준비를 갖추게 될 것이다. 말하자면 우리가 깜짝 놀랄 일을 당하거나 갑자기 도발당하거나 홀리더라도 능히 잠시 한숨 돌리고 멈출 수 있도록 해 줄 태연자약한 침착성을 얻게 된다는 것이다.

지금 우리는 무분별함과 성급함 때문에 생기기 쉬운 행위의 결함들에 관해 얘기를 하고 있다. 사실 무분별함과 성급함은 마음챙김만 하면 어느 정도 수월하게 제어될 수 있는 성질의 것이다. 하지만 이렇게 결함을 빈틈없이 다루게 되면 그 영향은 거기에서 그치지 않고 강력한 격정적 충동이나 상습적 악습에 뿌리를 둔 윤리적 일탈 행위를 다루는 데에도 도움이 된다. 맨 주의를 기울이기 위해 고요한 상태를 유지하다 보면 마음의 고요함이 증장되어 강렬한 격정을 누그러트릴 수 있게 될 것이다. 한숨 돌리기와 멈추기 습관이 몸에 배면 불선한 짓거리에 탐닉하는 묵은 습관들을 멈추게 할 것이다.

고요함을 유지하면서 맨 주의 기울이기를 하면 그리고 한숨 돌리기를 하면서 지혜로운 성찰을 하면, 대개의 경우 탐욕의 유혹, 화냄의 격랑, 미혹의 안개라는 삼독심三毒心이 마구 뒤엉켜 사태가 악화되기 전에 시발 단계에서 사그라들 것이다. 불건전한 사고의 흐름이 어느 단계에서 멎을지는 마음챙김을 얼마나 잘할 수 있는가에 달려 있다. 마음챙김이 예리하다면 일련의 그릇된 생각이나 행동들이 너무 지나치게 되기 전에 일찌감치 정지 신호를 보내는 데 성공할 수 있을 것이다. 그리되면 그것이 탐욕貪慾이든 진심嗔心이든 치암癡闇이든 초기의 기세 이상으로 더 자라나지 못할 것이고, 그러면 그 삼독심을 제어하는 데 드는 노력도 그만큼 절약될 것이며, 업業 지음도 미미해지거나 아예 짓지 않게 될 것이다.

가령 무언가를 보고 마음이 즐거워져서 좋아하는 감정이 생겼다고 치자. 처음부터 그 좋아하는 감정이 매우 적극적이거나 강렬할 리는 없다. 이 시점에 초연하게 관조하거나 성찰하기 위해 마음이 고요해질 수 있다면, 좋아할 만한 것을 보았다 해도 그리 힘들이지 않고 가볍게 탐욕을 떨쳐 버릴 수 있다. 그 시각 대상은 단지 눈에 띄어 즐거운 느낌을 일으킨 그 무엇으로 등록되거나 아니면 그때 느낀 매력이 은근한 심미적 즐거움으로 승화된다. 그러나 최초의 기회를 놓쳐버린다면 그 좋아하는 감정은 애착으로 자라고, 그리고는 소유욕으로 자라나게 될 것이다. 이 단계에서라도 멈추라는 신호를 보내면 욕망에 찬 생각은 점차 그 힘을 잃게 될 것이다. 그 생각은 쉽사리 끈질긴

갈애渴愛로 바뀌지 않고 욕망의 대상을 소유하려고 실제로 시도하는 일은 없을 것이다. 그렇지만 이전처럼 여전히 그 욕망의 흐름을 막지 않고 내버려둔다면 욕망으로 가득 찬 생각 때문에 소유하고 싶은 대상들을 원한다거나 기어코 갖겠다는 말을 입 밖으로 내뱉게 된다. 이는 달리 표현하면 불건전한 의업意業에 불건전한 구업口業이 따라붙는 것이 된다. 말로 표현된 욕구가 거부당하면 탐심貪心이 가지를 쳐서 그 결과 슬픔이나 분노라는 또 다른 번뇌인 진심瞋心으로 번지게 된다. 그러나 이 뒤늦은 단계에서라도 조용히 돌아보거나 맨 주의를 기울이기 위해 일단 멈출 수 있고, 그 거부를 받아들일 수 있고, 소망 쟁취를 단념할 수 있다면 더 큰 사단을 피할 수 있을 것이다. 하지만 말로 떠들어대다가 육체적으로 불선한 행위까지 하게 되거나, 갈애에 이끌린 나머지 원했던 대상을 슬쩍 손에 넣으려 하거나, 우격다짐으로 소유하려 든다면 그땐 완전히 불선업에 얽히게 되고 불선업에 따르는 과보를 고스란히 다 겪어내야만 한다. 하지만 불선한 행동을 저질러버린 이후에라도 멈춰서 성찰한다면 그것도 헛되지는 않다. 왜냐하면 회한에 차서 되돌아보는 마음챙김은 불선한 습성으로 굳어지는 것을 차단할 것이고, 같은 행위의 반복을 예방할 수도 있을 것이기 때문이다.

세존께서 아들 라아훌라*Rāhula*에게 다음과 같이 말씀하신 적이 있다.

네가 몸이나 말, 마음으로 어떤 행위를 하려고 할 때, 그 행위를 세밀히 살펴야 한다…. 그것을 세밀히 살펴보고 '내가 하려는 이 행위가 나 자신에게 해로울 것이고 남들에게 해가 될 것이며 모두에게 해로울 것이다. 그것은 고통을 유발하고 고통으로 끝날 불선한 행위가 될 것이다.'라고 알게 되면 그 행위를 절대로 해서는 안 된다.

또 네가 몸이나 말, 마음으로 어떤 행위를 하고 있을 때, 그 행위를 세밀히 살펴야 한다…. 그것을 세밀히 살펴보고 '내가 하고 있는 이 행위가 나 자신에게 해롭고 남들에게 해가 되며 모두에게 해롭다면 그것은 고통을 유발하고 고통으로 끝나는 불선한 행위이다.'라고 알게 되면 그런 행위를 그만두어야 한다.

네가 몸이나 말, 마음으로 어떤 행위를 한 후에도, 그 행위를
세밀히 살펴야 한다…. 그것을 세밀히 살펴보고 '내가 했던 이
행위는 나 자신에게 해로웠고 다른 사람들에게 해가 되었으
며 모두에게 해로웠다. 즉 그것은 고통을 유발하고 고통으로
끝난 불선한 행위였다.'라고 알게 되었다면 앞으로는 그런 행
위를 삼가야 한다.

《중부》61경 [25]

② 고요[定]. 이제 우리는 맨 주의 기울이기를 하기 위
한 멈추기가 고요samatha의 양면인 마음의 평화와 명상
시 집중을 어떻게 성취하고 강화하도록 돕는지도 고찰하
고자 한다. 맨 주의 기울이기를 위해 잠시 멈추는 것이 익
숙해질수록 바깥세상의 시끄럽고 끈덕진 소음에서 몸은
벗어날 수 없을지라도 내면적으로 조용해지기는 점점 더
수월해질 것이다. 또한 남이 하는 하찮은 말이나 행동에

---

25 [역주]《중부》I, 61경 〈암발랏티까에서 라아훌라를 교계한 경
   Ambalaṭṭhikā Rāhulovāda sutta〉, PTS 415~419쪽 참조.

쓸데없이 반응하기 전에 재빨리 단속하기도 좀 더 쉬워
질 것이다. 특히 맨 주의 기울이기로 마음이 수련되어 있
다면 운명이 매우 가혹하고 쉴 새 없이 시련을 안겨 줄 때
안식할 피난처를 찾아내어 거기서 겉으로 드러내 반응하
지 않고 조심스럽게 지켜보기만 하면서 폭풍이 지나갈 때
까지 참을성 있게 기다릴 수 있을 것이다. 살다 보면 저절
로 사태가 진정되도록 놓아두는 편이 최선일 경우도 있
다. 공격적이거나 분주하게 대응했다면 실패하고 말았을
텐데 조용히 기다리기만 했기에 일이 잘 풀려나가기도 한
다. 고요하기를 닦아서 얻은 이런 경험 때문에 중대 국면
을 당해서 뿐만 아니라 평범한 일상생활에서도 우리가 받
는 인상마다 이에 적극적으로 반응할 필요가 없으며, 만
나는 사람들이나 사물들에 일일이 참견할 일이 아니라는
점을 확신하게 될 것이다.

그래서 쓸데없이 분주를 떨지 않게 되면 외적 마찰 요
인이 줄어들 것이고, 그 때문에 생기는 내적 긴장도 완화
될 것이다. 그러면 매일 매일이 더욱 조화롭고 평화스러워

지면서 명상 시의 고요함과 일상적 생활과의 간극이 메워질 것이다. 그리되면 평소 들뜸으로 인한 내면의 혼란이 줄어들 것이고, 명상을 하는 동안에 몰려드는 거칠거나 미세한 들뜸으로 인한 신체적, 정신적 불안이 줄어들 것이다. 결과적으로 집중을 방해하는 주된 장애인 들뜸이 나타나는 빈도가 줄어들 것이고 혹 나타나더라도 쉽게 극복할 수 있을 것이다.

가능한 한 자주 맨 주의를 기울이는 마음가짐을 키우면 산만심을 조장하는 심적 원심력은 점차 소멸되는 한편 마음을 안으로 향하게 만들고 집중을 조장하는 구심력이 점점 더 커지게 될 것이다. 밖을 향하는 갈애는 더 이상 온갖 변화무쌍한 대상들을 추구하여 바깥으로 내닫지 않을 것이다.

간단없이 벌어지는 일련의 사건들에 대해 부단히 주의를 기울이는 훈련이 일상화되면 명상 수행을 본격적으로 할 때 하나의 대상이나 한정된 수의 대상들에 계속 집중할 수 있는 마음의 채비가 된다. 뿐만 아니라 명상 수행상의 또 다른 중요 요소인 마음의 확고함이나 요지부동함도 함께 함양될 것이다.

이처럼 맨 주의 기울이기를 하기 위하여 고요하기, 한숨 돌리기와 멈추기를 계속 닦으면 평온, 집중, 확고부동함, 명상 대상 줄이기 등 명상 중에 경험하게 되는 고요함을 구성하는 몇 가지 특출한 요소들을 기르게 된다. 또 맨 주의를 닦는 습관은 평상시의 의식 수준을 높여서 명상 시의 마음 수준에 근접시킨다. 이 점은 매우 중요한데 평소의 의식 수준과 명상할 때의 의식 수준의 차이가 너무 크면 마음집중을 해도 자주 실패하게 되어 순조롭게 명상 수행을 지속할 수 없기 때문이다.

깨달음의 일곱 가지 요소들인 칠각지七覺支에서 경안[輕安覺支 *passaddhi sambojjhaṅga*]이 집중[定覺支 *samādhi sambojjhaṅga*]의 바로 앞에 자리한다. 붓다는 이를 '안으로 고요해지면, 그 마음은 집중될 것이다.'라고 표현하신다.

이제 우리가 지금까지 말했던 바들에 비추어 보면 붓다의 이 말씀을 더 잘 이해할 수 있을 것이다.

③ 통찰[慧]. 붓다는 "마음을 집중하고 있는 사람은 사물을 '있는 그대로[如實]' 본다."고 하셨다. 따라서 고요하기, 한숨 돌리기, 멈추기를 통한 맨 주의 기울이기가 집중력을 강화해 주고 통찰력[慧], 즉 지혜 계발도 뒷받침해 준다. 하지만 맨 주의 기울이기를 하면서 고요하기가 지속되면 지혜에 좀 더 직접적이고 구체적인 도움이 된다.

보통 우리는 사물의 진정한 본성을 알려고 하기보다는 사물을 어떻게 다루고 사용할지에 주로 관심이 많다. 그 때문에 우리는 지각이 전달해주는 맨 처음의 몇 가지 신호들을 서둘러 붙잡는다. 그러면 우리는 그 신호들이 선한지 불선한지, 옳은지 그른지, 좋은지 싫은지, 이로운지 해로운지 식으로 판단하게 되는데 그때 뿌리박힌 습관에 따라 일반적인 반응을 보이게 된다. 이런 식으로 대상을 자신과 관련지어 판단하므로 결국 말이나 행동으로 그에

상응하는 반응을 하게 된다. 평범하거나 익숙한 대상인 경우, 처음 인식할 때에 소요되는 시간 이상 더 길게 대상에 주의를 기울이지 않는다. 그러다 보면 대체로 우리는 사물을 불완전하게 파편적으로 인식하게 되고 따라서 자칫 오인하게 된다. 게다가 우리는 그 대상에 맨 처음이나 조금 더 지나서까지만 주의를 기울일 뿐이다. 그 결과 우리는 자기가 보고 있는 대상이 그 나름대로 시작과 끝이 있는 시간적 흐름의 과정이라는 사실을 그리고 그것이 한정된 상황에서 우연히 지각된 것들 말고도 더 많은 면모와 관계망을 갖고 있다는 사실을 알아차리지 못한다. 또한 간단히 말해 그 대상이 덧없는 무상성을 띠고 있다는 사실을 의식하지 못한다.

이렇게 피상적으로 인식한 세계는 주관적으로 선택된 몇몇 표상이나 상징들 때문에 주목받은 엉성한 경험 덩어리들로 구성될 수밖에 없다. 선택된 상징들은 주로 그 개인의 이기심에 따라 결정된 것이고, 심지어 상징들이 엉뚱하게 선택된 경우마저 종종 있다. 그 결과 어두컴컴한 세계가 빚어지고, 거기에는 바깥 환경과 타인들뿐 아니라 자신의 신체적 정신적 작용의 상당 부분까지 포함된다. 이렇게 선택된 상징들 역시 피상적 태도로 개념화해 버린다.

붓다는 왜곡된 인식과 비체계적 주의력 때문에 생기는 본질적인 전도몽상轉倒夢想을 다음과 같이 네 가지로 지적하신다. 부정不淨한 것을 청정한 것으로, 무상無常한 것을 항상恒常한 것으로, 괴롭거나 괴로움을 초래하는 것을 즐거운 것으로, 자아와 무관한 것을 자아 또는 자아에 속한 것으로, 오해하는 그 네 가지이다.

이처럼 일상에서 어떤 경험을 할 때, 나 중심으로 '나, 나'라고 반복 언급하다 보면 '이것은 나에게 속한다.'라는 근본적 오해가 생긴다. 그 오해가 우리 존재를 구성하는 모든 신체적 정신적 요소들, 즉 색色·수受·상想·행行·식識, 오온五蘊에 확고하게 뿌리를 내리게 된다. 이런 착각은 초목의 잔뿌리들처럼 미세하지만 매우 단단하게 아주 잘 퍼져나간다. 따라서 알음알이로 '자아는 존재하지 않는다[無我 anatta]'고 확신하는 것만으로는 실제로 '나', '내 것'이라는 관념을 흔들기가 거의 불가능하다.

이런 심각한 결과는 근본적으로 우리가 무엇을 인식할 때 반응하는 버릇에서 비롯된 것이다. 즉 지각으로부터 오는 첫 번째의 몇 안 되는 신호를 받자마자 성급하거나 습관적으로 그 신호를 향해 질주하는 버릇 때문이다. 그러나 우리가 마음챙김의 제어하는 힘을 모으고 맨 주의를 기울이기 위해 잠시 멈춘다면, 바로 멈추는 그 순간에 마음의 대상인 육체적, 심적 전개 과정의 참모습이 그대로 다 드러날 것이다. 주의 깊게 마음챙김을 하면 육체적, 심적 전개 과정이 저절로 드러나게 되어 우리는 '나', '내 것'이라는 잘못된 관념에 끌려들지 않게 된다. 그리고 우리는 그 전개 과정의 다양한 양상과 광범위하게 서로 얽히고설킨 상호관계를 알게 될 것이다. 이제 마음챙김으로 얻게 된 보다 넓은 시야 앞에 개인적 유·불리를 앞세워 사실을 왜곡하는 편협한 버릇이 더 이상 심해지지 않고 줄어들고 약화될 것이다. 그 결과 연속하여 일어나는 심적 전개 과정과 그 과정을 이루는 부분 부분들을 잘 관찰하면 한결같이 일어났다 사라지는 하나의 생生과 하나의 멸滅이 드러나게 될 것이다. 그럼으로써 변화와 무상이라는 사실들이 점점 더 밀도 있게 마음에 새겨질 것이다. 바로 그 생멸을 분간하게 되면 '나' 중심 식 마음가짐의 영향으로 생겨난 개아個我가 있다는 그릇된 관념이 사라진다. '나, 나' 하는 자기 언급은 매사를 자아나 자아에 속하는 것이라는 선입견 아래 묶어버리므로 달리 생각할 수 없게 만든다. 하지만 맨 주의 기울이기를 하면 모든 사물들은 가합체假合體이고 비인격이고 한낱 조건지어진 현상일 뿐이라는 것이 밝혀진다. 이런 방식으로 우리 안팎에서 전개되는 생명-과정들의 본질이 덧없고 조건에 의존하며 비인격적이라는 것을 거듭거듭 목도하게 되면 우리는 그 과정의 단조로움[單調音]과 만족스럽지 못한 성질, 달리 표현하면 고苦의 진리[苦聖諦]를 발견하게 될 것이다. 이렇게 해서 맨 주의를 기울이기 위해 천천히 하기, 한숨 돌리기, 고요하기라는 매우 간단한 방법을 씀으로써 존재의 세 가지 특성인 무상·고·무아 모두가 통찰력 앞에 드러날 것이다.

• 자동성

어떤 행동을 취하기 전에 마음 챙겨 한숨 돌리기를 하는 습관을 몸에 익히고 강화한다고 해서 건전한 반응이 자동적으로 일어나지 않는 것은 아니다. 오히려 맨 주의를 기울이기 위해 한숨 돌리기, 멈추기, 고요하기를 닦으면 닦을수록 그 닦는 공부 자체가 아주 자동적으로 이루어질 것이다. 그렇게 닦으면 마음이 선택적으로 작용하게 되고 이때 반응의 신뢰도와 신속성이 커져서 더불어 옳지 못하거나 지혜롭지 못한 충동이 솟구쳐오르는 것을 막을 수 있게 된다. 그런 기량을 갖추고 있지 못하면 우리는 그 충동들이 건전치 못하다는 것을 뻔히 알면서도 자동적으로 밀어붙이는 강력한 힘에 밀려 이전처럼 굴복하게 된다. 따라서 마음 챙겨 한숨 돌리기를 익히면, 자동적으로 나오는 불선한 습관이 보다 지혜롭고 고상한 의도가 바탕이 된 선한 습관으로 바뀌게 된다.

마치 어떤 반사적 움직임이 몸을 자동적으로 보호하

듯이, 마찬가지로 마음도 자동적으로 고상하고 도덕적인 자기 보호가 필요하다. 맨 주의 기울이기를 닦으면 이와 같은 중대한 역량을 얻을 수 있을 것이다. 보통 수준의 도덕적 기준을 가진 사람이라면 본능적으로 도둑질이나 살인은 생각조차 피하게 될 것이다. 맨 주의 기울이기 수행의 도움을 받으면 그와 같은 자동적인 도덕적 제어 범위가 훨씬 더 넓어지고 윤리적 감성도 크게 고양될 것이다.

훈련되지 않은 마음속에서는 고상한 성향과 올바른 생각들이 돌발적인 격정이나 편견들의 공격을 자주 받는다. 그러면 그 좋은 성향과 생각은 굴복하거나 아니면 내면적으로 갈등하다가 겨우 속으로만 우기고 있게 될 뿐이다. 그러나 맨 주의를 기울여 자연 발생하는 불선한 행동을 저지하거나 크게 줄인다면 위에서 설명했듯이 우리는 더 넓은 범위에서 걸림 없이 자연스레 선한 마음을 일으키고 현명한 성찰을 할 수 있게 될 것이다. 그런 것들의 자연스러운 흐름은 우리 내면에 있는 선함의 힘에 대한 확신을 더 키워주게 될 것이다. 또한 다른 사람들에게도 그런 확신을 심어줄 것이다. 그와 같은 선의善意의 자동성은 쉽게 흔들리지 않을 것이다. 왜냐하면 그 선의의 자동성은 이전에 닦은 체계적 훈련에 깊이 그리고 견고하게 뿌리를 내리고 있기 때문이다. 이제 의도적인 선한 마음 [有爲善心 *sasaṅkhārikakusalacitta*]이 자동적인 선한 마음[無爲善心 *asasaṅkhārikakusalacitta*]으로 승화될 수 있는 길이 보인다. 아비담마*Abhidhamma*의 심리학에 따르면 그러한 선한 마음이 지혜와 함께하면 도덕적 가치 척도에서 최상의 위치를 점하게 된다. 이렇게 해서 우리는 《황금꽃의 비밀》[26]에 나오는 다음 경구에 대한 실질적 이해를 얻게 될 것이다. "의도하지 않은 경지를 의도에 의해 도달할 수 있다면, 그는 이미 지견이 열린 사람이다." 이 말은 빠알리어의 다음 경구를 생각나게 만든다.

---

26 《대승불교의 영향을 강하게 받은 중국 도가의 논설*A Treatise of Chinese Taoism, strongly influenced by Mahayana*》.

조건지어진 것에 의해서도 조건지어지지 않은 상태를 얻을 수 있어야 한다.

sasankhārena asankhārikam pattabbaṃ.[27]

붓다의 가르침에 담겨 있는 정신적 향상과 해탈을 위한 여러 조언들을 현명하게 활용하기만 하면, 마음챙김 확립 수행보다 더 나은 길은 결단코 없다. 그런데 이러한 수행이 맨 주의 기울이기를 위한 한숨 돌리기와 멈추기라는 단순한 공부로 시작된다니 얼마나 놀라운가.

• 천천히 하기

훈련되지 않은 마음은 성급하고 충동적이고 무분별하기 쉽다. 따라서 이에 대처하기 위한 방법으로 한숨 돌리기와 멈추기 수행을 하면 '천천히 하기'를 시도하게 된다.

---

27 [역주] *sasankhāra*의 사전적 의미는 '조건지어진 것이 있는, 많은 노력을 기울인'임.

현대인의 삶이 원체 꽉 죄게 돌아가는지라 아무리 생각해봐도 바쁜 일과에다 천천히 하기를 들이밀 형편이 못 된다는 것은 분명하다. 그러나 현대 생활의 속도가 초래하는 유해한 결과들에 대한 해독제로서 천천히 하는 버릇을 몸에 붙이는 것은 이로운 일이며 특히 엄밀한 마음챙김 확립을 닦는 기간 동안은 더더욱 중요하다. 또한 이런 수행은 일상 업무수행에서도 좀 더 차분해지고 효율적이며 능숙하도록 만드는 등 세속적 이익도 가져다줄 것이다.

천천히 하기는 주의 깊음, 감각 제어, 집중에 효과적 도움이 되므로 당연히 명상이 발전하게 된다. 그러나 그것 말고도 천천히 하기는 명상 수행을 위해서 좀 더 특별한 의미를 지닌다. 〈염처경〉 주석서는 선택된 대상에 대해 '집중하기를 놓쳤을 때 다시 집중하려면' 동작들을 천천히 하는 것이 도움이 될 것이라고 한다. 거기에 보면 한 스님이 자신에게 부여된 수행 규칙인 명상 주제를 깜빡 잊고 자기도 모르게 팔을 급히 굽혔다. 그는 자신이 무엇을 놓쳤는지 알아차리게 되자 다시 팔을 이전의 위치로 돌리고는 그 동작을 마음챙겨 반복했다. 그의 명상 주제는 아마 '분명히 알아차리면서 행하기'였을 것이다. 붓다는 〈염처경〉에서 '굽히고 펼 때 비구는 명확한 알아차림으로 행한다.'라고 말씀하시지 않았는가.

　명상을 본격적으로 훈련하는 동안 신체적 동작을 천천히 하도록 노력하는 것은 특히 통찰지*vipassanāñāṇa*를 얻는 데 도움이 되며 그중에서도 무상無常과 무아無我를 직관하는 데 유용하다. 실제로는 일어났다 사라지는 과정이 얽히고설키며 복잡하게 돌아가는 것일 뿐인데, 그런 것을 두고 통일성, 정체성, 실재성이 있다는 환상을 굳게 갖게 되는 것은 전적으로 그 과정의 속도가 빠른 탓이다. 그러므로 마음챙김 확립을 본격적으로 닦을 때 걷기, 굽히기, 펴기와 같은 동작을 천천히 행하여 각 동작을 몇몇 단계로 분간해내면 이는 모든 현상[諸法]들의 세 가지 특상特相인 무상, 고, 무아를 통찰 직관하는 데 커다란 도움이 된다. 명상할 때 만일 어떤 전개 과정에 대해 관한다면 그 과정의 각 부분적 단계[相]가 어떻게 저절로 일어나고 그치는지 그리고 그 동작의 어떤 부분도 다음 단계로 옮겨가거나 전생轉生하지 않는다는 것을 명확히 주목한다면 그 명상자의 주시력은 점점 힘이 붙고 의미 있게 될 것이다.

맨 주의를 기울이기 위해 한숨 돌리면 그 영향으로 우리 일상의 행위, 말, 생각으로 짓는 신身·구口·의意, 삼업三業의 평균 리듬 역시 좀 더 고요해지고 평온해질 것이다. 서둘던 생활 리듬이 느려진다는 것은 다른 말로 하면 생각, 느낌, 지각의 일어남과 사라짐이 하나의 완전한 과정이 되도록 할 수 있다는 것을 의미한다. 완전한 알아차림은 그 과정의 마지막까지, 다시 말해 그들의 마지막 진동과 여운까지 충분히 다 알아차린다는 말이다. 사실 이 마지막 단계를 놓쳐버리는 경우가 너무나 많은데, 그 이유는 이전 단계를 분명히 파악하기도 전에 새로운 인상들을 서둘러 붙잡거나 아니면 사유 선상의 다음 단계로 허겁지겁 넘어가 버리기 때문이다. 그렇지 않아도 불분명하고 단편적인 지각들 때문에 부담스러운데 사유상의 혼선을 야기한다면 어찌 중생들의 마음이 무질서해지지 않을 수 있겠는가. 이런 상황에서 천천히 하기야말로 의식의 충만과 명쾌성을 되찾는 효과적 방안이라는 점은 자명하다. 이에 딱 맞는 직접적 비유이자 실례實例가 바로 호흡챙기기[出入息念 ānāpānasati] 수행을 할 때 필요한 방식이다. 즉 호흡의 시작, 중간, 끝까지 전 과정을 챙기는 것이다. 이것이 경에서 "온몸을 경험하면서 들이쉬고 내쉬리라."는 구절이 의미하는 바이다. 마찬가지로 '천천히 하기'를 통해 지속적으로 맨 주의 기울이는 데 익숙해지면 우리 삶 전체의 '호흡'이나 리듬도 더욱 깊어지고 충만해질 것이다.

현대 도시 문명인은 대부분 생각하다가 중간에 그만두어 버리거나 얼버무려 버리는 습관이 있다. 현대인들이 점점 더 빠른 교통수단을 추구해온 것처럼 새로운 자극이 쉴 새 없이 계속 더 빨리 이어지기를 갈구한다. 이런 새 인상들의 연이은 폭격으로 감수성은 차츰차츰 마비되고 그 결과 더욱더 요란하고 더 조악하고 더 색다른 자극을 계속 필요로 하게 된다. 이런 추이를 막지 못하면 그 종말은 재앙으로 끝날 수밖에 없다. 이미 우리는 미적 감수성이 쇠퇴되어 가고 순수하고 자연스러운 기쁨을 누릴 능력마저 상실해 가고 있는 것을 충분히 느끼고 있다. 이 두 덕성의 자리를 숨 가쁜 흥분, 어떤 진정한 심미적 정서적 만족도 안겨줄 수 없는 열광적인 흥분이 가로채 버렸다. 이 '얕은 정신적 호흡' 탓으로 '문명인'이 점점 더 천박해지고 있으며, '서양'에서 신경성 질환이 놀라울 정도로 만연해지고 있다 해도 결코 과언이 아닐 것이다. 그런 얕은 정신적 호흡 때문에 인간 의식의 질적 수준이나 활동 범위와 기량이 열등하게 되고 말 것이다. 이런 위험은 서양에서와 마찬가지로 동양에서도 기술 문명의 충격에 대해 적절한 정신적 방어막을 갖추지 못한 모든 사람들을 위협하고 있다. 마음챙김의 확립은 여기에 간략히 설명한 방법을 통해 그러한 상황을 치유하는 데 중대한 기여를 할 수 있다. 이로 미루어 이 방법이 세속적 관점에서도 마찬가지로 유익하다는 것이 입증될 것이다.

그런데 여기서는 주로 마음챙김의 심리적인 면들을 다

루고, 이 심리적 면들이 명상 수행을 계발하는 데 어떤 의미가 있는지를 살펴보겠다. 맨 주의를 지속적으로 기울일 때 천천히 하기의 도움을 받게 되면 다음 세 가지 면에서 의식의 질에 영향을 끼칠 것이다. ① 의식이 강화됨 ② 대상의 특상特相이 명료해짐 ③ 대상을 둘러싸고 있는 연관관계가 드러남이다.

① 어떤 대상에 지속적으로 주의를 기울이면 그 대상은 마음에 특별히 강력하고 오래 지속되는 충격을 가하게 될 것이다. 우리는 어떤 특정한 인식에 곧바로 이어지는 일련의 생각을 하는 동안 그 충격의 영향을 느낄 수 있을 뿐 아니라 그 영향은 먼 미래의 생각에까지 연장될 수도 있다. 맨 주의 기울이기의 정도와 대상에 미치는 영향간의 인과관계가 어느 정도인지를 보면 의식의 집중도를 가늠할 수 있다.

② 어떤 대상에 주의를 지속적으로 기울이면 그 대상의 모든 면을 더 잘 알게 된다. 일반적으로 어떤 새로운

감각 대상이나 아이디어에서 우리가 받는 첫인상은 그 대상의 가장 두드러진 특징일 것이다. 그 특징은 대상의 한 측면일 뿐인데, 바로 그 측면은 충격이 절정에 이를 만큼 우리의 주의를 사로잡는다. 하지만 그 대상은 또 다른 면이나 특성들을 드러내어 처음에 우리가 보았던 것과는 다른 작용을 할 수도 있다. 이들 다른 특성이나 작용은 우리에게 그다지 뚜렷하지 않을 수 있고 흥미롭지 않을 수 있겠지만, 오히려 훨씬 더 중요할 수도 있다. 또 어쩌면 그 첫인상은 완전히 속임수였을 수도 있다. 따라서 우리가 그 첫 충격을 넘어설 때까지 주의를 계속 기울여야만 그 대상은 자신을 보다 충분히 드러낼 것이다. 첫 번째 인식의 파동이 가라앉는 과정을 따라 첫 충격의 선입견 형성력도 줄어들 것이다. 그리고 그 대상이 자신의 상세한 모습을 좀 더 넓게 드러내어 보다 완벽한 모습을 보여주게 되는 것은 이 과정의 마지막 국면에 이르렀을 때이고 그런 기회는 오로지 그때뿐이다. 이 특징적 모습[特相]을 좀 더 또렷하게 포착하려면 주의를 지속적으로 기울이는 길밖에 없다.

③ 육체적 대상이든 정신적 대상이든 간에, 그 대상의 특징적 양상 중에는 우리가 조급한 나머지 또 피상적으로 주의를 기울인 탓에 흔히 간과하게 되는 부분이 있는 바 이는 별도로 다룰 필요가 있다. 그것은 대상이 가진 주변과의 연관성이다. 이 연관성은 그것의 과거로 거슬러 올라가 그 기원, 원인, 이유, 논리적 선례 등과 연관되어 있다. 또 밖으로는 그 배경, 환경, 현재 받고 있는 영향 등 총체적 정황을 포괄한다. 어떤 것도 의도적으로 고립시킨 채 보아서는 결코 충분히 이해할 수 없다. 우리는 그 대상들을 보다 넓은 그림의 부분으로, 즉 조건지어지고 또 조건지우는 성질의 것으로 봐야 한다. 이렇게 보는 것은 오로지 지속적 주의 기울임의 도움을 받아야만 가능하다.

● **잠재의식에 미치는 영향**

방금 얘기한 바의 의식을 고양시키는 세 가지 방도는 통찰력을 계발하는 데 있어 무엇보다 중요하다는 것은 분명하다. 의식 집중이 강화되고 의식 대상의 범위가 명료해지고 그리고 그 관계 구조를 식별하게 되면 사물을 실제 그대로 볼 수 있는 토대가 마련된 것이다. 그렇지만 이 세 가지 방도가 이런 직접적 영향이 뚜렷한 것 외에도 그에 못지않게 강력하고 중요한 간접적 영향도 끼치고 있다. 다시 말해 기억과 직관 같은 잠재의식을 구성하는 마음의 기능들을 강화하고 예리하게 만들어주는 것이다. 또한 이렇게 강화된 기능들은 그들대로 해탈을 향한 통찰력을 키우고 공고히 한다. 그런 기능들의 도움을 받는 통찰력은 마치 경전에 나오는 산속 호수의 비유와 같다. 그 호수는 바깥에서 오는 빗물뿐만 아니라 그 자체의 바닥에서 솟아나는 샘물로도 채워지고 있다. 이 같은 마음속에 깊이 '숨은' 잠재의식 형태의 자원으로부터 영양 보급을 받는 통찰력이라면 그 뿌리도 그만큼 깊게 내리게 될 것이다. 그런 만큼 그 통찰력이 거두는 명상의 결실은 쉽사리 지워질 수 없다. 이 점은 이전의 상태로 쉽게 퇴전하게 되는 범부에게도 마찬가지로 적용된다. 비록 그들에게 해탈의 소식은 아직 멀었을지언정.

① 지각이나 생각은 지속적 주의의 대상이 되면 주의가 느슨할 때보다 마음에 더 강한 충격을 주고 마음의 특상들을 더 뚜렷하게 드러낸다. 따라서 그 지각이나 생각이 잠재의식 속으로 가라앉을 때에는 그 안에서 특별한 위치를 차지하게 된다. 이는 어떤 대상에 대해 의식을 강화하는 세 가지 방법 모두에 해당된다. ㉠ 의식이 전개되는 과정에서 주의력이 마지막 단계에서도 이전 단계들에서처럼 강력하다면 그때는 그 전개 과정이 끝나고 마음이 다시 잠재의식 속으로 가라앉을 때, 그 잠재의식은 의식의 제어를 더 잘 받을 것이다. ㉡ 어떤 한 가지 인상이나 아이디어가 여러 가지의 두드러진 특징을 지녔다면, 그들이 직접적 알아차림의 대상이 되지 못하여 사라지더라도 잠재의식의 막연한 내용들 속에 섞여 쉽사리 잊혀지는 일은 적어질 것이고 또한 격정적 편향에 이끌려 잘못된 잠재의식과 결합하는 일도 줄어들 것이다. ㉢ 마찬가지로 우리가 대상의 특징들이 서로 연관되어 있음을 바르게 파악하면 그 특징들이 잠재의식의 불분명한 재료들과 뒤섞여버리는 경험도 겪지 않게 될 것이다. 더욱

강화되고 명료해진 지각과 생각은 잠재의식 속으로 가라 앉고 나서도 흐릿하고 '멍한' 인상에서 온 것들보다 훨씬 더 뚜렷하고 더 접근하기 용이하다. 그런 잠재의식을 온전한 의식으로 전환시키기가 더 수월해질 것이고, 마음에 끼치는 보이지 않는 영향도 가려내기가 좀 더 수월해질 것이다. 마음챙김의 질과 범위가 개선되어가면서 그와 같은 성숙한 인상의 수도 늘어나게 되면 그 결과로 잠재의식 자체의 구성면에서도 미묘한 변화가 생기게 될 것이다.

② 우리가 앞서 했던 말들을 돌아보면 '성숙함'이나 '보다 접근이 용이하고 전환이 가능하다'라고 말한 그 인상들이 좀 더 수월하고 좀 더 정확하게 기억 속으로 전달 수용될 수 있다는 사실이 분명해질 것이다. 여기서 좀 더 수월하다는 것은 그 인상들이 더 강력해진 덕분이고 보다 정확하다는 말은 그 인상들의 분명하게 특색지어진 모습들로 인해 잘못 연상된 표상이나 개념 때문에 뒤틀리지 않도록 방지된다는 뜻이다. 인상들을 문맥과 연관성에 따

라 기억한다는 것은 보다 용이하고 보다 정확하게 상기하게 해준다는 말인데, 이는 마음챙김과 기억이라는 두 갈래 길로 작용한다. 사띠*sati*의 두 측면, 즉 '마음챙김'이라는 의미와 기능이 '기억'이라는 의미와 기능 쪽을 강화하도록 도우는 것이다.

③ 잠재의식과 기억에 대해 지속적으로 주의를 기울이면 그 영향력은 직관력, 특히 지금 우리의 주된 관심사인 직관적 통찰력을 심화하고 강화시킨다. 직관은 천부의 재능이 아니다. 다른 정신적 기능이나 매한가지로 직관도 특정 조건들로부터 생기生起한다. 이 경우 가장 기본이 되는 조건은 잠재의식에 저장되어있는 인식과 생각에 잠복된 기억들이다. 직관력을 키우기 위해 가장 비옥한 토양이 되려면 우리의 기억들이 보다 큰 강렬함, 명쾌함, 특색 있는 표식들로 풍부해져야 한다는 것이 분명하다. 왜냐하면 가장 쉽게 떠올릴 수 있는 것이 바로 그런 기억들이기 때문이다. 여기에다 인상들간의 상호 관계성이 갖는 역할도 빠트려서는 안 될 것이다. 연관 관계를 갖는 유형의 기

억은 단순하거나 모호하게 고립된 사실에 대한 기억들보
다 유기적 성질을 갖게 될 것이고 따라서 이런 성질 때문
에 쉽게 새로운 패턴의 의미와 중요성도 지니게 될 것이
다. 이와 같은 훨씬 더 정연해진 기억상의 영상들은 직관
적 기능에 강력한 자극이자 도움이 될 것이다. 마음속 깊
숙이 숨은 잠재의식 속에서 어렴풋이 의식하는 경험과 지
식의 자료를 모으고 조직하는 일이 직관으로 무르익어 터
져 나올 때까지 은밀히 진행된다. 이 직관이 터져 나오는
현상은 어떤 때에는 지극히 평범한 우연에 의해 촉발되기
도 한다. 하지만 외관상으로는 평범해 보이는 이 사건들도
이전부터 꾸준히 살펴보았더라면 충분히 관심을 끌 만한
힘을 가진 일로 주목되었을지도 모른다.

  맨 주의를 기울이기 위해 천천히 하기와 한숨 돌리기를
하면 일상생활상의 단순한 일들도 그 심층 차원을 열어젖
혀 직관력에 자극을 줄 수 있을 것이다. 이런 논리는 해탈
을 정점으로 하는 사성제四聖諦에 대한 직관적 통찰에도
그대로 적용된다. 경전에 통찰 명상을 실참實參하는 기간

에는 직관적 통찰에 이를 수 없었던 비구들의 얘기가 많이 나온다. 직관의 섬광은 전혀 엉뚱한 상황에서 그들을 때린다. 가령 돌에 걸려 넘어질 뻔하거나 산불에, 신기루에, 강에 뜬 거품덩이에 시선을 빼앗길 때 등. 우리는 여기서 '의도적으로 의도하지 않은 어떤 경지'에 이를 수 있다는 역설적인 말을 다시 한번 인정해야 하겠다. 일상생활의 아주 사소한 일이나 행동에도 마음챙김의 빛을 온전히 비추기만 하면 마침내 해탈지견解脫知見이 열릴 수도 있다는 얘기다.

맨 주의를 지속적으로 기울이는 것은 직관력을 키우는 데 알맞은 비옥한 토양을 마련할 뿐만 아니라, 직관의 순간을 최대한 활용할 수 있도록 하고 또 직관의 순간이 다시 나타나게 만들 수도 있다. 각양각색의 창조적 분야에서 활동하는 영감을 잘 받는 사람들도 종종 자신들의 경험이 너무 평범하다고 한탄하곤 한다. 그만큼이나 직관의 섬광은 너무 갑자기 떠올랐다가 너무 빨리 사라져 버리기 때문에 마음이 여간 빠르게 반응하지 않고는 직관의 뒷그

림자조차 포착하지 못하기 일쑤이다. 그러나 관찰하면서 한숨 돌리기, 천천히 하기, 지속적인 주의 기울이기로 마음이 훈련되어 있다면 그리고 앞서 지적했듯이 잠재의식에까지 그 영향이 미치고 있다면 그때에는 그 직관의 순간 역시나 훨씬 충만하고 더 천천히 더 강한 리듬으로 부응해 줄 수 있을 것이다. 이런 제반 정황을 감안하면 지속적 주의 기울이기는 직관적 통찰의 섬광을 충분히 이용할 수 있을 만큼 강력하고 분명한 효과를 발휘할 것이다. 심지어 지속적 주의 기울이기는 약해지는 직관적 통찰의 진동을 되살려 새로운 절정에 까지 끌어올리는 것도 가능한데 이는 마치 음악 연주에서 조화로운 전개부의 마지막 소절에 가서 최초에 등장했던 선율이 리듬에 맞춰 재등장하는 경우와 유사하다.

직관적 통찰이 이루어진 순간을 단 한순간도 놓치지 않고 충분히 활용해내는 것이야말로 완전한 깨달음을 향한 발전을 좌우할 만큼 결정적으로 중요한 일이다. 만약 수행자의 정신적 장악력이 너무 약한 나머지 직관적 통찰의 순간들을 잡지 못하고 놓쳐버려 그 소중한 순간을 해탈을 위한 수행에 충분히 활용하지 못하고 만다면 그런 순간들은 오래 세월이 흐르도록, 아니 어쩌면 금생이 끝나도록 두 번 다시 찾아오지 않을지 모른다. 그렇지만 지속적 주의 기울이기에 익숙해지면 통찰의 순간들을 충분히 활용할 수 있게 될 것이고, 이렇게 숙련되는 데는 명상 훈련을 하는 동안 닦은 천천히 하기와 한숨 돌리기가 중요한 조력자 역할을 해줄 것이다.

우리가 한숨 돌리기, 멈추기, 천천히 하기를 살펴보았기에 마음챙김이 광범위하게 함축하고 있는 의미 가운데 빠알리 경전에 나오는 마음챙김의 전통적 개념 규정 중 하나를 더 잘 이해할 수 있게 될 것이다. 그것은 바로 마음챙김 기능 가운데 하나인 아나삘라아빠나따anapilāpanatā 인데 글자 그대로 '떠다니지 않는 상태'라는 의미이다. 여기에 주석가들은 '물 표면에 떠 있는 표주박처럼'이라 덧붙이고는 이어 '마음챙김은 대상의 표면만 훑어보고 서둘러 지나가는 것이 아니라 대상 속으로 깊이 들어가 보는 것'이라고 말했다.[28] 그러므로 아나삘라아빠나따는 우리 말로는 '피상적이지 않음'이 될 테고, 이는 마음챙김의 성격을 드러내는 적절한 말이라 하겠다.

---

28 [역주] yathā hi lābukaṭhādīni udake palavanti na anupavisanti na tathā ārammaṇe sati, ārammaṇaṃ hi esā anupavisati tasmā apilāpanatā vuttā. Nidd-A I, 52쪽.

4. 직시하기

어떤 습관이든 모두 버리게 되기를 나는 원한다. 그러면 매사
를 새롭게 보고, 새롭게 듣고, 새롭게 느낄 수 있을 텐데….
습관은 우리의 철학적 태도를 망가뜨린다!

G.C. 리히텐베르그 (1742~1799)[29]

앞서 우리는 불선不善함이 충동적이고 자동적으로 발
생하는 면에 대해서 이야기한 바 있다. 우리가 순일하고
지속적인 주의 기울이기를 위해 멈추면 우리의 성급하고
충동적인 반응을 아예 저지하거나 줄일 수는 있어서 똑바
로 보기를 하면 첫 자동적 반응에 의해 생기는 편견 없이
신선한 새 마음으로 어떠한 상황이라도 직시할 수 있게
해준다.

---

29 [역주] 리히텐베르그 G. C. Lichtenberg: 독일 태생의 물리학자, 풍자가, 금
언 작가. 유고집 《*Sudelbücher*》 등 다수.

관찰력이 온전하면 우리는 착색되거나 일그러뜨리는 렌즈를 쓸 필요도 없고 또 감정이나 습관으로 인한 편견이나 지적 편향성에 간섭받지 않고 현실을 있는 모습 그대로 똑바로 알 수 있다. 이는 우리가 현실을 마치 처음 대하듯 생생하고 신선하게 봄으로써 현존하는 맨 사실들을 마주하게 된다는 것을 뜻한다.

• 습관의 힘

똑바로 보는 데 자주 방해가 되는 자동적 반응은 성미 급한 일시적 감정 때문에만 생기는 것은 아니다. 습관의 산물인 경우가 훨씬 더 많다. 습관적으로 하는 반응은 보통 훨씬 강력하고 집요하게 우리를 지배하는데, 이것은 우리에게 이롭기도 하고 해롭기도 하다. 습관이 덕이 되는 쪽으로 영향을 미치는 경우는 '반복 수행의 힘'에서 볼 수 있다. 이 힘은 육체적이든 정신적이든 또 세속적이든 영적이든 간에 우리가 이룬 것과 익힌 것을 지켜주어서 잊어버리거나 잃어버리지 않도록 지켜준다. 뿐만 아니라 이 힘은 우리가 그것들이 우연하고 일시적이거나 불완전한 데 그치지 않고, 철저히 숙달되어 보다 안전하고 높은 수준이 되게끔 변화시킨다. 반면 습관적으로 자기도 모르게 하는 반응의 해로운 영향은 부정적 의미의 '습관의 힘'이라는 말에서 나타난다. 그래서 맥이 빠지고 멍청해지고 옹색해져서 마침내는 온갖 억지를 부리지 않을 수 없게 만드는 데서 그 해로운 영향이 드러난다. 자, 지금부터 직시 능력을 방해하여 '있는 그대로' 보지 못하게 하는 습관의 부정적 측면을 살펴보고자 한다.

앞에서도 언급했듯이 습관적인 반응은 일반적으로 충동적 반응보다 우리 행동에 더 강한 영향을 미친다. 성급한 충동은 생겨나는 과정이 갑작스럽듯 사라지는 과정도 갑작스러울 수 있다. 성급한 충동의 결과도 매우 엄청나고 먼 미래까지 영향을 미치기도 하지만 습관이 가져오는 것에 비하면 지속성이나 심각성 면에서 결코 비교가 되지 않는다. 습관은 생활과 사고방식 전반에 걸쳐 넓고 촘촘한 그물망으로 우리를 덮어씌우고 점점 더 얽어맨다. 성급한 충동들도 그 그물망에 끌려 들어가면 우발적인 감정의 발로에 그치지 않고 오래 지속되는 기질로 자리 잡게 된다. 순간적인 충동, 이따금의 탐닉, 일시적 변덕도 반복되다 보면 습관이 된다. 그런 습관은 뿌리 뽑기 힘들고 제어하기 힘든 욕구가 되어버리고 마침내는 본래 그런 것으로 치부되어 더이상 문제 삼지 않기에 이르고 만다. 반복적으로 욕구를 충족시키면 그것이 습관이 되고, 점검되지 않은 채 방임된 습관은 차차 자라나서 우리를 강제하는 강박관념이 된다.

어떤 특정한 행동이나 마음가짐을 가지면서 초기에는 그것이 자기에게 무슨 특별한 의미가 없다고 여기는 경우가 가끔 발생한다. 그 행동이나 마음가짐은 윤리적으로 별문제가 없고 그것이 빚을 결과도 사소할지 모른다. 시작 단계에서는 그까짓 것이야 얼마든지 그만둘 수 있고 심지어는 반대로 할 수도 있다고 생각할지 모른다. 왜냐하면 아직 감정적으로나 이지적으로나 어떤 쪽으로도 편향

되어 있지 않기 때문이다. 그러나 시간이 지나면서 같은 경험을 되풀이하게 되다 보면 우리가 택한 행동이나 생각 쪽이 '즐겁고 바람직하고 적절했다'라고, 심지어는 '올발랐다'라고 여기게 되고 그래서 마침내는 그것을 우리의 성격 또는 인격과 동일시하기에 이른다. 그 결과 우리는 이 일상화된 행동과 마음가짐에 걸림돌이 되는 것을 불쾌해하거나 못마땅하게 느낀다. 이렇게 외부로부터 간섭을 받으면 우리는 엄청 화를 내고, 심지어 그런 간섭을 '생사가 걸린 중대한 이해와 원칙들'에 대한 위협이라고 여긴다. 실제로 '문명화' 여부를 막론하고 어느 시대에나 문명권의 사람이든 아니든 성숙하지 못한 사람들은 자기네와 다른 풍속의 낯선 사람은 적으로 간주했고 그래서 그가 가만히 있는 데도 그의 존재 자체를 도전 또는 위협으로 받아들였다.

특정 습관에 그다지 큰 의미를 아직 부여하지 않던 습관의 형성 초기 단계에는 습관적 행위 자체보다는 마음 편히 늘 하는 습관에서 오는 즐거움에 점점 더 집착하게 된다. 습관에 대한 강한 집착은 육체적, 정신적 타성에서 비롯되는데, 이는 우리 행동의 강력한 동기가 된다. 이제 우리가 습관에 집착하는 또 다른 동기를 살펴보겠다. 습관의 힘 때문에 우리가 특별히 관심을 갖는 대상이 물질이든, 행위든 또는 사고방식이든 거기에 지나치게 감정적으로 매달리게 된다. 그 결과 아주 사소하거나 평범한 것에 대한 집착이 더 중요하고 필수적인 것에 대한 집착만큼 집요해질 수 있다. 아주 사소한 습관을 의식적으로 통제하지 못하면, 그 습관이 여지없이 우리의 삶을 지배하는 독불장군이 되어버린다. 그리하여 우리의 성격이 치우치고 경직되며, 주변 환경이나 지적 영적인 면에서 행동의 자유가 위축될 것이다. 습관에 굴복하면 우리는 자신에게 새로운 족쇄를 채우는 것이며 그래서 새로운 애착, 염오, 편견, 선입견에 취약해진다. 그것은 바로 새로운 고품이다. 습관의 강한 영향력이 정신적 향상을 가로막는 위험성은 과거 어느 시대보다도 오늘날에 와서 더욱 심각하다 할 것이다. 왜냐하면 오늘날 우리의 생활과 사고방식이 수많은 영역에서 전문화, 표준화됨으로써 습관적인 행동과 사고가 만연해지고 있기 때문이다.

그러므로 족쇄가 어떻게 형성되는가에 관한 〈염처경〉의 말씀들을 숙고할 때마다 습관이 얼마나 중요한 역할을 하는지에 대해서도 생각해볼 필요가 있겠다.

… 감각 기관들과 감각 대상들, 그 둘에 의지해서 어떤 족쇄가 생겨나는지 그는 잘 안다. 전에 없던 족쇄가 어떤 방식으로 생겨나는지 그는 잘 안다.[30]

이를 불교 용어로 말하면 습관의 힘 때문에 강화되는 것은 특히 다섯 가지 장애 가운데 해태와 혼침*thīnamiddha* 두 장애를 가리키는 것이 분명하고 또한 약화되는 것은 마음의 기민성과 유연성 같은 정신적 기능들이다.[31]

이처럼 습관의 범위가 확장되는 성향은 식識 자체의 본성 때문이다. 이러한 성향은 앞서 말한 수동적 타성의 탓

---

30 [역주]《중부》I, 10경《염처경*Satipaṭṭhāna sutta*》, PTS 61쪽.

31 선하고 유익한[wholesome, kusala] 의식의 중요한 요소에 대해서는 저자의 《아비담마 연구*Abhidhamma Studies*》, 캔디, 불자출판협회, 1965, 51쪽 참조.

만이 아니고, 오히려 지배하고 정복하려는 식의 적극적 의지에서 생기는 경우가 많다. 어떤 적극적인 유형의 식識은 꽤나 센 강도를 유지한 채 반복적으로 나타나는 성향이 있다. 이러한 식은 지배적 위치에 오르려고 서로 다투고, 이러한 식을 중심으로 보다 약한 정신적 육체적 상태들이 식의 주위를 돌며 순응하고 봉사하게 된다. 이러한 성향에 대한 논의는 이론異論의 여지가 없지는 않으나 아직은 유력하게 통하고 있다. 주변적이거나 종속적인 유형의 식도 똑같이 우위를 다투는 모습을 보인다는 점으로 보아 이 이론은 설득력이 있는 것 같다. 이런 현상은 자기중심적 개인이 사회와 접촉할 때 보여주는 자기주장 및 지배 지향적 성향과 놀라울 정도로 닮았다. 생물학에서도 유사한 현상들이 있는데 그중에서 암이 보여주는 확산 성향을 꼽을 수 있겠으며, 그 외에도 종양과 같은 병리학적 증식 현상들도 들 수 있다. 이러한 반복 성향은 지금 이 핵시대의 지평선에 심상찮은 위협으로 다가오는 예측 불가능한 돌연변이의 징조들에서 실제로 목격되고 있다.

식識 중의 많은 유형은 지배적 위치에 오르려는 의지를 제각기 본래부터 가지고 있기 때문에 일시적 생각이나 기분 같은 뜨내기 식識도 상당히 항구적인 성격의 특성으로까지 자라날 수도 있다. 그런데 그만한 위치에 오르고도 성이 차지 않으면 식은 금생의 생명력을 구성하는 오취온의 한 결합 요소라는 식의 자리를 박차고 윤회의 흐름을 타다가 언젠가는 새로이 탄생하는 한 인격체에서 핵심 자리를 꿰찰 수도 있다. 우리는 수많은 잠재적 중생이 될 수 있는 새로운 생명의 씨앗을 무수히 품고 있는데, 육조 스님(慧能 638~713)의 표현대로 이들이 '윤회의 굴레로부터 해탈하도록' 서원해야 한다.[32]

아무튼, 이런 식으로 육체적 정신적인 해로운 습관들은 굳이 조장하지 않아도 관심을 주지 않고 방치하는 사이에 더 강화되기도 한다. 지금 우리의 기질 가운데 강력

---

32 이것은 우주의 모든 존재를 해탈시킨다는 저 유명한 대승 보살 *Mahāyānic Bodhisattva*의 서원誓願을 너무 가볍게 여기고 있는 것에 대해 이 위대한 현인이 다소 반어적으로 언급한 것일 것이다.

하게 뿌리를 내리고 있는 대부분의 습관도 이미 기억하기 어려운 오랜 과거에 심어진 아주 작은 씨앗들에서 자란 것이다.[33] 윤리적으로 나쁘거나 해로운 습관이 자라는 것을 효과적으로 저지하는 데에는 새로운 습관을 키워나가는 방법이 있다. 해로운 습관에 대체해서 마음챙겨 맨 주의 기울이기라는 새로운 습관을 키우는 방법이다. 우리가 의식하지 않고 기계적으로 해버리던 일을 이제부터는 숙고한 후에 행하고 또 그에 앞서서 맨 주의와 숙고를 위해 잠시 한숨 돌리게 되면, 우리는 그 습관을 면밀히 검토하여 그 습관의 목적과 적절성을 분명하게 파악할 수 있게 될 것이다. 이런 과정은 우리로 하여금 지금 상황을 새롭게 평가하여 습관적 행위를 '전에도 그랬으니까 괜찮을 거야.'라는 잘못된 생각으로 감싸주며 대충 덮어버리지 않고 상황을 똑바로 볼 수 있게 해줄 것이다. 그리한다고 해서 해로

---

33 〈뱀의 비유 경*Alagaddūpama sutta*〉《중부》I, 45경.
　　[역주] 저자는 이 부분의 출전에 대해 〈뱀의 비유 경*Alagaddūpama sutta*〉이 《중부》I, 45경이라 했으나, 실은 《중부》I, 22경임. 또 신身·구口·의意로, 즉 육체적, 정신적으로 하는 행위에 관한 설법은 《중부》III, 114경 〈행하고 행하지 말아야 함 경*Sevitabbāsevitabba sutta*〉에 수록되어 있음.

운 습관이 금방 뿌리 뽑히지는 않겠지만 성찰을 통한 한숨 돌리기는 그 습관이 검문받지 않고 자동적으로 되풀이되는 것을 저지할 수 있을 것이다. 이러한 검문 과정은 해로운 습관에 대해 거듭된 정밀조사와 저항이라는 도장을 찍는 것이므로 그 습관이 재발할 경우라도 힘이 전보다 약해져 있을 것이며 그리고 습관을 변화시키거나 없애려는 우리의 시도가 더 잘 먹혀든다는 사실을 알 수 있을 것이다.

'습관은 사람의 유모'라는 말이 있듯이 우리 삶에서 습관이 사라질 수도 없고 또 사라져서도 안 된다는 것은 말할 나위도 없다. 특히나 바쁜 나날을 보내는 복잡한 도시 생활 속에서 단지 '주의를 반쯤만 기울이고도' 기계적으로 그 많은 일들을 어지간히 잘 처리해낼 수 있다는 사실이 얼마나 다행인지 생각해보라. 습관은 우리 생활을 상당히 단순하게 만든다. 사소하고 따분한 활동들에 일일이 신중한 노력과 세심한 주의를 기울여야 한다면, 얼마나 견디기 힘든 부담이 될 것인가. 사실상 손으로 하는 많은 작업들, 예술의 여러 가지 기법, 심지어 복잡한 지적 작업의 표준 절차까지도 대개는 숙련된 판박이 작업을 통해 더 훌륭하고 더 균일한 성과들을 낳는다. 하지만 습관적 작업으로 이룬 이러한 균일성 역시 한계점에 이르게 될 것이다. 새로운 흥미를 유발하여 계속 활기를 띠게 해주지 않는 한 그런 작업들이 지루하게 느껴지게 되고 능률도 내리막길을 걷게 될 것이다.

많은 습관들이 무해하고 심지어는 유용한 경우도 얼마든지 많이 있기 때문에 소소한 습관들을 몽땅 없애버려야 한다고 주장한다면 우스운 얘기가 될 것이다. 그러나 그 습관들을 우리 자신이 여전히 통제하고 있는지, 마음먹은 대로 없애거나 바꿀 수 있는지 정기적으로 자신에게 물어볼 필요가 있다. 그 방법으로 우선 두 가지를 생각해볼 수 있겠다. 첫째, 일정 기간을 정해서 그 기간 동안 우리의 습관적인 행동들을 마음 챙겨 주의해서 보는 것이고 둘째, 자신에게나 남에게 해롭거나 방해가 되지 않을 경우에 실제로 그 습관을 일시 중단해보는 것이다. 우리가 직시력으로 이 습관들을 똑바로 보고 마치 그 습관을 처음 대하는 양 생각하고 행동한다면 사소한 일상적 행위 들이나 우리 주변에서 늘 대하던 광경들이 새롭게 관심을 끌고 흥미롭게 느껴질 것이다. 이런 현상은 전문적 업무와 그 환경에도 적용되며 또한 습관적으로 대하다 보니 신선 한 맛이 사라져 버렸을 수도 있는 가까운 사람들과의 관 계에도 적용된다. 배우자나 친구들 동료들과의 관계 역시 새로워질 수 있다. 신선한 눈으로 직시하면 지금껏 습관 적으로 하던 것과는 달리 훨씬 유익하게 사람들과 관계를 맺고 일도 처리할 수 있다는 사실을 확인하게 될 것이다.

소소한 습관들을 포기할 수 있는 능력을 미리 갖추어 놓으면, 우리가 그보다 더 위험한 성벽性癖들과 싸워야 할 때 그 진가를 발휘할 것이다. 이런 능력은 우리가 인생행 로에서 기본적인 생활 습관마저 포기하도록 강요당하는 중대한 변화 국면들에 처하게 될 경우에도 실로 큰 도움 이 되어줄 것이다. 판에 박힌 행동이나 생각들로 굳어진 토양을 부드럽게 만들어 주면 우리의 생명력, 정신력, 상 상력에 생기를 불어넣는 효과를 가져다줄 것이다. 그러나 무엇보다도 중요한 사실은 그 기름진 땅에 활기찬 정신적 발전의 씨앗을 심을 수 있다는 점이다.

• 연상적 사고

자기 기준으로 전형적인 반응을 하거나, 일련의 행동을 하거나, 다른 사람이나 사물을 판단하는 습관에 우리 마음이 길들여지는 과정은 연상적 사고라는 방식에 의해 진행된다. 우리는 어떤 사물이나 생각, 상황, 사람들을 마주치게 되면 그들이 지닌 여러 표식 중에 눈에 띄는 표식부터 먼저 골라낸다. 그런 다음 우리는 그 표식들에 반응을 하게 된다. 이런 마주침이 되풀이되면 먼젓번에 골랐던 표식들에 우선적으로 연관시킨다. 그리고 그다음에는 우리가 최초에 했던 반응이나 우리의 반응 중 가장 강력했던 반응에 연관시킨다. 그런 식으로 진행되다 보니 이 표식들이야말로 우리가 전형적 반응을 보일 것이라는 신호가 된다. 이런 전형적 반응 그 자체는 그동안 반복된 개인적 버룻과 경험을 통해 익숙해진 행동들이나 생각들의 긴 연결 고리로 구성된 것이다. 이런 방식으로 돌아가는 것이기 때문에 그 연쇄 고리 중 각각 단계마다 일일이 새삼스레 신경쓰거나 수고로이 정밀 검사를 할 필요가 없어진다. 그 결과 생활하기가 엄청나게 단순해지고 그래서 절약된 에너지를 다른 일에 쓸 수 있게 된다. 사실 연상적 사고 덕분에 인간 정신의 진화 과정에서 결정적으로 중요한 발전의 단계로 나아갈 수 있었다. 그리하여 우리는 어떤 것을 경험할 때 그 경험을 배움으로 승화시킬 수 있게 되었고 마침내는 인과율을 발견하고 응용하기에 이를 수 있었다.

그런데 연상적 사고에는 이러한 이점이 있는 반면 연상을 잘못하거나 생각 없이 하거나 부주의하게 하면 여러 가지 심각한 위험을 초래할 수도 있다. 과연 어떠한 위험이 있을 수 있는지 일부라도 그 목록을 작성해 보자.

① 유사한 상황 속에서 이런 연상이 거듭거듭 반복되다 보면 잘못되거나 불충분한 초기 관찰, 판단 착오 그리

고 사랑, 미움 같은 감정적 편견이 개입된 연상이 길게 지속되거나 강화된다.

② 하나의 특정 상황을 다루기에만 충분할 뿐인 불완전한 관찰과 제한된 판단상의 관점을 다른 환경에 기계적으로 적용할 경우에는 그 부적절함이 분명히 드러나면서 중대한 결과를 초래할 수 있다.

③ 연상적 사고가 엉뚱한 방향으로 이어지면 사물들, 장소들 혹은 사람들에 대해 직감적으로 강한 거부감을 느낄 수도 있다. 그런데 그 대상들은 실제로는 거부감을 느끼게 하는 경험과 아무 관련이 없는데도 어쩌다 보니 그저 그 경험을 생각나게 한 것일 뿐일 수도 있다.

이렇게 간단하게 든 예들만 봐도, 우리가 흔히 연상적 사고를 하며 늘 따라가게 되는 마음의 흐름을 정밀하게 조사하는 것 그리고 연상적 사고 때문에 생기는 다양한 습관과 전형적인 반응을 재검토하는 것이 얼마나 필수 불가결한 것인지 바로 알 수 있다. 다시 말해 우리는 판에 박힌 사고에서 벗어나야 하고, 사물을 직시하는 능력을 회복해야 하며 그리고 그 직시 능력으로 우리 습관들을 수시로 새로이 평가해야 한다.

연상적 사고를 제어하지 못해서 생기는 잠재적 위험들의 목록을 다시 살펴보면 우리는 어떤 경험이든 그 밑바닥에 깔린 진상을 규명해야 한다고 설하신 붓다의 말씀을 더 잘 알게 될 것이다. 《숫따니빠아따》의 '동굴'이라는 심오하고 간결한 게송에서 붓다는 말씀하신다.

> 촉觸 *phassa*[감각 인상]을 완전히 꿰뚫어 보면
> 탐욕에서 벗어나게 되고,
>
> 상想 *saññā*을 완전히 이해하기에 이르면
> 윤회의 폭류를 건널 수 있을 것이다.
>
> 《숫따니빠아따》 778~779게 [34]

---

[34] 〈범망경*Brahmajāla sutta*〉, 《장부》 I, 1경의 결론 부분에 있는 감각 인상이나 접촉의 의의에 대한 구절 참조.

생각이 마음에 들어오는 맨 첫 번째 문에 마음챙김을 문지기로 세워놓음으로써 우리는 들어오는 생각을 훨씬 더 쉽게 통제할 수 있고, 원치 않는 난입자亂入者를 막을 수 있다.

그리하여 '스스로 빛을 발하는 의식'은 '홀연히 나타나는 번뇌'에 영향받지 않은 채 순수성을 유지할 수 있다.[35]

《증지부》 1:5:10

〈염처경〉에 따라 체계적으로 수행하면 단도직입적이고 신선하고 왜곡되지 않은 직시 능력을 갖게 된다. 그 수련은 육체적, 정신적 면에서 개인의 품성 전반뿐만 아니라 전 경험세계까지 모두 다룬다. 경에 나오는 몇몇 훈련 과정을 안으로, 밖으로 그리고 교대로 번갈아서 질서정연하게 적용해보면 방향이 잘못된 연상적 사고나 적용이 잘못된 유추로 인한 그릇된 개념 형성과정을 찾아내는 데 도

---

35 《증지부》 1법집, 5장 10경: "pabhassaraṃ idaṃ bhikkhave cittaṃ tañca kho āgantukehi upakkilesehi vipamuttan ti"

움이 될 것이다.

그릇된 연상적 사고 중에 가장 대표적인 유형의 것을 담마[法]의 어법으로는 네 가지 오인이나 전도된 견해 *vipallāsa*라고 한다. 즉 ㉠ 항상하지 않은 것[無常]을 두고 항상한 것으로 ㉡ 괴로움이나 괴로움으로 이끄는 것[苦]을 두고 행복으로 ㉢ 자아가 없거나 실체가 아닌 것[無我]을 두고 자아 또는 영속하는 실체로 ㉣ 부정不淨한 것을 두고 깨끗한 것으로 잘못 여기는 것이다. 이러한 전도된 견해들은 사물의 특징적 표식들을 그릇되게 이해하는 데서 생긴다. 우리는 우리가 가지고 있는 애착과 바깥의 그릇된 이론들에 영향을 받아 사물에 대해 일방적이거나 그릇된 방식으로 선택적 지각을 하고, 이를 다시 엉뚱한 개념에다 잘못 연결시켜 버린다. 이제 우리는 자신의 지각과 인상들에 맨 주의를 기울여 '있는 그대로' 여실하게 사물을 보도록 자신의 직시 능력을 꾸준히 점진적으로 발달 증장시켜 나감으로써 우리의 시각과 인상들이 점차적으로 거대한 착시인 이러한 오해와 전도로부터 벗어날 수 있다.

• 분발심

분명한 관찰력을 가진 사람은 우리의 전도된 견해 때
문에 겪는 고해의 표식들을 똑바로 볼 때 깊이 심금이 울
려 분발심samvega을 내게 된다. 그리하여 그는 평소에 자
신을 지배하던 소심한 망설임이나 경직될 대로 경직된 틀
에 박힌 생활 태도와 사고방식을 돌파할 수 있는 힘과 용
기가 솟구치는 경험을 할 것이다. 그 분발심이 생생하게
유지 지속되기만 하면 해탈이라는 큰 과업을 성취하는 데
필요한 진지함과 끈기가 생겨날 것이다.

옛 스승들은 이렇게 말했다.

바로 여기 이 세상이 우리를 위해 마련된 활동의 장이다.
성스러운 길이 그 속에 은밀히 펼쳐져 있다.
또한 방일을 깨 줄 갖가지 계기로 가득하다.
저들 심금을 울려주는 세상사들에 자극받고 분발하라.
그리고 분발했으면 노력하라!
계속 분투하라!

우리를 자극하고 분발시켜주는 것들이 바로 우리 주변을 가득 메우고 있다. 그런데 보통 그것들이 우리를 분발시키는 계기인 줄 잘 알아차리지 못하는 것은 습관으로 인해 우리의 시각이 무뎌졌고 또 마음이 무감각해졌기 때문이다. 심지어 붓다의 가르침을 만날 때조차 이와 같은 일이 일어난다. 처음 가르침을 접하면 우리는 지적, 정서적으로 강력한 자극을 받게 된다. 그러나 그 자극은 차츰 최초의 신선함과 추진력을 잃기 쉽다. 그렇게 되지 않으려면 우리를 둘러싸고 있는 생기 충만함 쪽으로 시선을 돌려서 거기서 오는 끊임없는 자극을 새롭게 느낄 필요가 있다. 삶은 늘 새로운 모습으로 사성제를 보여주고 있다. 직시 능력은 일상의 가장 평범한 경험들에조차 생기를 불어넣어 줄 것이고 그러면 그들의 진정한 실상이 습관이라는 희미한 아지랑이 속에서 드러나 생생한 음성으로 우리에게 말을 걸어올 것이다. 길모퉁이의 거지, 울고 있는 아이나 병고에 시달리는 친구 등은 오랫동안 보아온 익숙한 광경들인데도 바로 그것들이 새삼스레 우리에게 충격을 주고 생각하게 만들고 그리고 고苦의 멸滅에 이르는 그 길을 결연히 걷도록 분발심을 불러일으킬 수 있다.

싯닷타Siddhattha 왕자가 오랜 세월을 바깥세상과 절연된 채 지내다 멋진 수레를 타고 왕도王都의 거리를 지나는 동안 난생처음으로 늙음, 질병, 죽음을 목격하였다는 흥미로운 이야기를 우리는 알고 있다. 이 오래된 이야기는 역사적 사실일 가능성이 크다. 왜냐하면 많은 위대한 사람들의 생애에서 평범한 사건들이 종종 상징적 의미를 띠고, 보기보다 훨씬 중요한 결과로 전개된다는 것을 배웠기 때문이다. 위대한 정신을 가진 인물들은 얼핏 보면 진부해 보이는 일에서 새로운 의미를 발견하기도 하고 잠깐 지나가는 순간에다 먼 미래까지 미칠 효용 가치를 부여하기도 한다. 그러나 저 오래된 이야기에 담긴 진실성 여부를 논란할 것 없이 그 젊은 왕자가 실제로 이전에도 노인들, 병든 자들 그리고 죽은 사람들을 그의 육안으로 보았으리라고 믿는 것이 합리적이다. 그러나 이전에는 싯닷타 역시 우리들 대부분의 경우가 그러하듯이 그런 광경을 보고 그다지 깊은 인상을 받지 못했을 수 있다. 이전에 왕자가 예민하게 보지 못한 것은 부왕이 마련한 세습적 삶이라는 틀 안에서 왕자로서 소소한 행복을 누렸지만 치밀하게 보호하는 인위적 격리를 당했기 때문일 것이다. 그런데 왕자가 정신적으로 안이한 습관이라는 황금 새장을 벗어나자, 비로소 고통스러운 사실들이 그에게 세찬 인상을 주어 마치 처음 보는 것 같은 느낌을 갖게 되었을 것이다. 그때서야 그는 고통스러운 사실들에 각성 분발하여 크게 절박감을 느끼게 되고 이 분발심이 그를 출가의 길로 이끌어주어 마침내 깨달음을 향한 길 위에 두 발을 굳게 디디기에 이른다.

우리가 살면서 경험하는 매우 평범한 사실들에서 드러나는 고苦라는 성스러운 진리[苦聖諦]에 대해 우리의 생각과 마음이 더 명료하게 그리고 더 깊게 반응할수록 그 가르침을 반복해서 들어야 할 필요가 줄어들 것이고 윤회의 기간도 짧아질 것이다. 반응을 일으키는 우리 인식의 '명료'함은 직시 능력에서 올 것인 바 그것은 맨 주의 기울이기[마음챙김 *sati*]에서 비롯된다. 그리고 경험의 '깊이'는 분별 있는 숙고나 분명한 이해력[正知 *sampajañña*]을 통해 깊어질 것이다.

• 통찰로 가는 길

직시 능력은 명상을 통해 통찰력을 체계적으로 닦는 수행에서 오는 주요한 특징이기도 하다. 명상 수행에서 오는 직시 능력은 학습과 숙고로 얻는 추론적 지식과는 구분되며, 명상을 통해 얻는 직관적이거나 체험적인 지혜와 같다. 명상에 의해 통찰력이 개발되면 추상적 개념의 개입이나 감정적 평가라는 체에 의해 걸러지는 일 없이 자기 자신의 육체적, 정신적 진행 과정을 똑바로 보게 된다. 지금 이 문맥에서는 그런 추상적 개념이나 감정적 평가는 단지 있는 그대로의 사실들을 희미하게 만들거나 위장할 뿐으로 실제가 주는 강력하고 직접적인 충격을 외면하게 만든다. 경험에 바탕한 개념적 일반화는 적절할 경우에는 매우 유용하지만 한창 명상으로 맨 주의 기울이기 수행을 하고 있는 동안에 일반화가 끼어들게 되면 특정 사실을 옆으로 밀어내거나 지워버리게 되는 경향이 있다. 말하자면 '그것이 별것인가, 그저 이런 것일 뿐이지.'라는 식으로 말이다. 생각이 반복되다 보면 성급하게 일반화해 버리고 분류하고 곧 거기에도 싫증을 내게 된다.

그렇지만 맨 주의 기울이기는 체계적 통찰 수행의 핵심 도구답게 대상의 특정성에 유의한다. 계속 이어지는 육체적, 정신적 진행 과정에 대해서도 그 일어나고 사라짐[生·滅]을 예민하게 추적한다. 예를 들어 들숨과 날숨의 연속처럼 어떤 일련의 현상들 모두가 일어나고 사라지는 전형에서 벗어나지 않겠지만 맨 주의 기울이기는 그런 현상들 각각을 별개의 것으로 간주하고 또 거기에서 그치지 않고 일어남과 사라짐을 분리해서 그 하나하나를 꼼꼼히 지각 장부에 등록한다. 이렇듯 마음챙김을 빈틈없이 견지하여 대상의 일어나고 사라지는 반복되는 패턴을 여러 단계로 나누어 볼 수 있을 때 마음이 받아들이는 인상의 강도는 줄어들지 않고 한층 강화된다. 이렇게 빈틈없이 마음챙김을 하다보면 대상이 본래 지닌 세 가지 특성, 즉 무상無常·고苦·무아無我는 점점 더 분명하게 드러날 것이다. 이들 삼법인三法印은 외부에서 빌려온 빛에 의해서도 아니고, 이러한 경험들을 가르치신 비할 데 없는 스승 붓다[三界大導師]의 빛을 빌려서도 아니고, 현상 그 자체가 스스로 발하는 빛으로 드러난다.

이렇듯 몸과 마음의 현상들이 스스로 빛을 발하여 삼법인이 드러나는 단계에 이르면 명상 수행자는 분발심을 더 크게 일으킬 것이다. 다시 말해 세상에 대한 염리厭離, 불만족[苦], 고苦를 겪게 되는 위험을 알아차리면 이어서 이를 멀리 여의게 된다[遠離]. 그렇지만 명상 수행 내내 기쁨, 행복감 그리고 고요함도 이어진다. 그리고는 내적 성숙을 위한 모든 조건들이 충족되면 그때 구경 해탈로 향하는 첫 번째 직관으로서 '일어나는 것[生起性]은 사라진다[滅盡性].'는 지혜를 분명하게 얻게 되고 예류과預流果 *sotāpanna* [36]에 이른다.

이렇게 해서 마음챙김의 힘이 스스로 펼쳐져 나오는 가운데 마음챙김의 확립이야말로 담마의 진정한 구현임이 입증될 것이다. 붓다는 다음과 같이 담마를 말씀하지 않으셨던가.

담마는 세존에 의해 잘 설해졌으니, 지금 여기서 바로 볼 수 있고, 시간이 걸리지 않으며, 누구든 확인할 수 있고, 향상으로 이끌며, 지혜로운 사람이 직접 체험할 수 있는 것이다. [37]

《상응부》 55:1

---

36 예류과*sotāpanna*: 해탈에 이르는 길, '초월의 길'에 들어선 성자가 차례로 겪는 네 가지의 경계[四果] 중 첫 경계.

- 예류과預流果 *sotāpanna*: 흐름에 들어선 경계
- 일래과一來果 *sakadāgāmin*: 태어남이 한 번 남은 경계
- 불환과不還果 *anāgāmin*: 태어남이 끝난 경계
- 아라한과阿羅漢果 *arahant*: 깨달은 경계

[역주] 보리수잎·하나《영원한 올챙이》, 엠 오 시 월슈M. O'C Walshe 지음, 강대자행 옮김, 〈고요한소리〉 참조.

37 [역주] "… svākkhāto bhagavatā dhammo sandiṭṭhiko akāliko ehipassiko opanayiko paccattaṃ veditabbo viññūhi ti."《상응부》 V, 55:1경 〈전륜성왕 경*Cakkavattirāja sutta*〉, PTS 343쪽.

===== 저자 소개

  냐나뽀니까 스님 Nyanaponika Thera(1901~1994)

독일 출신으로 1936년 수계를 받음. 유럽인 최초의 비구이자 대 학승인 고故 냐나띨로까 스님(1878~1953 독일 출신)의 제자이며, 스리랑카에 주석하면서 불자출판협회BPS를 창설하여 30여 년간 이끌었음. 저서로는 《아비담마 연구》,《선과 악의 뿌리》,《염처-불교 명상의 핵심》,《삼법인》, 《업과 과보》,《내면의 자유로 가는 길》 등 다수가 있음. 〈고요한소리〉에서 간행한 저서로는 보리수잎·다섯 《거룩한 마음가짐》, 법륜·열둘 《염수경》, 법륜·열넷 《사아리뿟따 이야기》 등이 있음.

===== 역자 소개

  황금중 교수

연세대학교 교육학과 교수로 재직하며 교육철학, 교육사학, 마음교육 분야를 연구하며 가르치고 있음. 논저로는 「마음챙김 기반 교육: 기본 설계와 방향」, 「지속 가능한 미래를 위한 마음교육」, 「마음교육론의 학문적 성격과 전망」, 『학學이란 무엇인가』 등 다수가 있음.

───── 〈고요한소리〉는

° 붓다의 불교, 붓다 당신의 불교를 발굴, 궁구, 실천, 선양하는 것을 목적
  으로 설립되었습니다.

° 〈고요한소리〉 회주 활성스님의 법문을 '소리' 문고로 엮어 발행하고 있
  습니다.

° 1987년 창립 이래 스리랑카의 불자출판협회BPS에서 간행한 훌륭한 불
  서 및 논문들을 국내에 번역 소개하고 있습니다.

° 이 작은 책자는 근본불교를 중심으로 불교철학·심리학·수행법 등 실생
  활과 연관된 다양한 분야의 문제를 다루는 연간물連刊物입니다. 이 책들
  은 실천불교의 진수로서, 불법을 가깝게 하려는 분이나 좀 더 깊이 수행
  해보고자 하는 분에게 많은 도움이 될 것입니다.

° 이 책의 출판 비용은 뜻을 같이하는 회원들이 보내주시는 회비로 충당
  되며, 판매 비용은 전액 빠알리 경전의 역경과 그 준비 사업을 위한 기금
  으로 적립됩니다. 출판 비용과 기금 조성에 도움 주신 회원님들께 감사드
  리며 〈고요한소리〉 모임에 새로이 동참하실 회원을 기다리고 있습니다.

° 〈고요한소리〉 책은 고요한소리 유튜브(https://www.youtube.com/c/
  고요한소리)와 리디북스RIDIBOOKS를 통해 들으실 수 있습니다.

° 카카오톡 채널(https://pf.kakao.com/_XIvCK)을 친구 등록 하시면 고
  요한편지 등 〈고요한소리〉의 다양한 소식을 받으실 수 있습니다.

° 〈고요한소리〉 홈페이지 안내
  - 한글 : http://www.calmvoice.org/
  - 영문 : http://www.calmvoice.org/eng/

◦ 〈고요한소리〉 회원으로 가입하시려면 이름, 전화번호, 우편물 받을 주소, e-mail 주소를 〈고요한소리〉 서울 사무실에 알려주십시오.
(전화: 02-739-6328, 02-725-3408)

◦ 회원에게는 〈고요한소리〉에서 출간하는 도서를 보내드리고, 법회나 모임·행사 등 활동 소식을 전해드립니다.

◦ 회비, 후원금, 책값 등을 보내실 계좌는 아래와 같습니다.

국민은행	006-01-0689-346
우리은행	004-007718-01-001
농협	032-01-175056
우체국	010579-01-002831
예금주	**(사)고요한소리**

───── 마음을 맑게 하는 〈고요한소리〉 도서

금구의 말씀 시리즈

하나	염신경念身經
둘	초전법륜경初轉法輪經
	초전법륜경初轉法輪經 (확대본)
	초전법륜경初轉法輪經 (독송본)

소리 시리즈

하나	지식과 지혜
둘	소리 빗질, 마음 빗질
셋	불교의 시작과 끝, 사성제 – 四聖諦의 짜임새
넷	지금·여기 챙기기
다섯	연기법으로 짓는 복 농사
여섯	참선과 중도
일곱	참선과 팔정도
여덟	중도, 이 시대의 길
아홉	오계와 팔정도
열	과학과 불법의 융합
열하나	부처님 생애 이야기
열둘	진·선·미와 탐·진·치
열셋	우리 시대의 삼보三寶
열넷	시간관과 현대의 고품 – 시간관이 다르면 고품의 질도 다르다
열다섯	담마와 아비담마 – 종교 얘기를 곁들여서
열여섯	인도 여행으로 본 계·정·혜

법륜 시리즈

보리수잎 시리즈

붓다의 고귀한 길 따라 시리즈

단행본

법륜·스물넷

마음챙김의 힘

초판 1쇄 발행 2021년 12월 20일
초판 3쇄 발행 2024년   7월 10일

지은이   냐나뽀니까 스님
옮긴이   황금중
펴낸이   하주락·변영섭
펴낸곳   (사)고요한소리
제작   도서출판 씨아이알 02-2275-8603

등록번호 제1-879호 1989. 2. 18.
주소   서울시 종로구 인사동길 47-5 (우 03145)
연락처   전화 02-739-6328 팩스 02-723-9804
          부산지부 051-513-6650   대구지부 053-755-6035
          대전지부 042-488-1689 광주지부 02-725-3408
홈페이지 www.calmvoice.org
이메일   calmvs@hanmail.net
ISBN   979-11-91224-05-4 03220

          값 1,000원